Michael Dohmen / Daniel Esser

Inklusive Beschulung von Schülern mit sozial-Emotionalem Förderbedarf – aber wie? (Gesamtausgabe)

Handwerkzeuge, Techniken und Methoden zur praktischen Anwendung in der Inklusion
(Handout zum gleichnamigen Fortbildungsprogramm)

Impressum:
Michael Dohmen, Daniel Esser
Inklusive Beschulung von Schülern mit sozial- Emotionalem Förderbedarf, aber wie? (Gesamtausgabe)
Herstellung und Verlag: BoD-Books on Demand, Norderstedt.
Alle Rechte bei den Autoren
1. Auflage 2016
© 2016 Michael Dohmen, Daniel Esser
ISBN 9783741273049

Inhaltsverzeichnis

Einleitung zur Gesamtausgabe.......................................5
Grundlagen..9
   Unterschiede zwischen Integration und Inklusion .10
     Emotionen..16
     Motivation...26
     Regeln..36
Diagnostik..39
   Fragen zur Diagnostik..40
   Agressionsanalyse..46
Handlungsebene Kollegium...47
   Kollegiale Fallberatung...48
   Elternarbeit..52
   Netzwerkarbeit..56
Handlungsebene Schüler..63
   Beziehungsdidaktik..64
   Classroommanagement..83
   Streitschlichtung..87
   Deeskalation...93
   Umgang mit Provokationen....................................99
   Erlebnispädagogik..104
   Tiergestützte Pädagogik..110
   Konfrontative Pädagogik......................................114
Spezielle Themen...119
   AD(H)S...120
   Autismusspektrumsstörung..................................123
   Trauma...126
   Beziehungsstörungen...132
   Schulabsentismus...135
   Mobbing..139
   Kindeswohlgefährdung..142
Spezialsysteme..155
   Hart-Lern-Café...156
   Familienklasse..159

- Inklusionskritik..161
- Erlebnisspiele..163
  - Erlebnisspiele im Klassenzimmer.........................164
    - Bälle jonglieren (Warming up).........................164
    - Impulse (Wahrnehmung)..................................164
    - Count-down (Wahrnehmung)...........................165
    - Wie viele Hände spürst du? (Wahrnehmung)...165
    - Menschliches Pendel (Vertrauen).....................166
    - Vertrauensfall (Vertrauen)................................166
    - Stifteparcours (Kooperation)............................167
    - Der große Eierfall (Kooperation).....................167
    - Zentimeterarbeit (Kooperation).......................168
    - Flipper (Kooperation).......................................168
    - Abgehoben (Abenteuer)....................................169
    - Die Sumpfdurchquerung (Abenteuer)..............169
  - Erlebnisspiele für den Schulhof..........................171
    - Rushhour in Tokio (Warming up).....................171
    - Shopping Mall (Warming up)...........................171
    - Planspiel (Warming up)....................................171
    - Barfußlabyrinth (Wahrnehmung) 172
    - Förderband (Wahrnehmung).............................173
    - Jurtenkreis (Vertrauen).....................................173
    - Vertrauensspalier..174
    - Seilspannung (Kooperation).............................174
    - Eimer auf Füßen (Kooperation).......................175
    - Flugzeugabsturz am Mount McConfidence (Abenteuer)..175
    - Eiwache (Abenteuer)..176
- Über die Autoren...177
  - Michael Dohmen..177
  - Daniel Esser...177
- Danksagung..178

Einleitung zur Gesamtausgabe

Die Inklusion von Schülern mit sozialem und emotionalem Förderbedarf stellt für viele Lehrkräfte eine erhöhte Schwierigkeit dar und ist Anlass starker Besorgnis.

Obwohl schon viele Förderschulen geschlossen wurden, fehlt es oft in den inklusiven Settings an didaktischen, unterrichtsmethodischen und – organisatorischen Konzepten für die sogenannten schwierigen Schülerinnen und Schülern.

Auch haben viele Lehrer das Gefühl, dass die Zahl der Schülerinnen und Schüler mit diesem Förderbedarf steigt.

„Die Jugend liebt heutzutage den Luxus. Sie hat schlechte Manieren verachtet die Autorität, hat keinen Respekt vor älteren Leuten und schwatzt, wo sie arbeiten sollte. Die jungen Leute stehen nicht mehr auf, wenn Ältere das Zimmer betreten. Sie widersprechen ihren Eltern, schwadronieren in der Gesellschaft, verschlingen bei Tisch die Süßspeisen, legen die Beine übereinander und tyrannisieren ihre Lehrer."

Ob die Zahl dieser Schüler tatsächlich steigt, ist unklar. Das oben genannte Zitat wird übrigens dem vor 2500 Jahren lebenden Sokrates zugeschrieben.

Klar ist somit nur, wir suchen nach Lösungen für ein uraltes Problem. Die Fachliteratur hilft uns auch nur bedingt, denn viel zu oft empfiehlt sie nur, dass der Lehrer Geduld, Verständnis, Toleranz und ein positives Weltbild haben muss. Unsere Erfahrung ist aber, dass das alleine nicht ausreicht.

Der alte Sokrates hätte vielleicht noch mit Autorität versucht die Schüler zum Lernen zu befehlen. Eine Motivationshilfe die bis in die Neuzeit in konfrontativen Ansätzen versucht wurde und von dem weniger für seine Pädagogik bekannten Al Capone auf den Punkt gebracht wurde:

„Mit einem freundlichen Wort und einem Gewehr kommt man viel weiter, als mit einem freundlichem Wort alleine!"

Bei unseren Aufsätzen nutzen wir eine steinbruchartige Methode. Für uns gilt:

- Einfach schauen was passt,
- mitnehmen und ausprobieren,
- egal wo es vorher stand oder wofür es entwickelt wurde.

Unsere Inhalte basieren auf erlernter Theorie, erfahrener Praxis aus Förderschule und Inklusion, sowie einer regelmäßigen Reflexion.

Für uns sind das Best-Practice-Beispiele. Wir haben natürlich nicht den Anspruch auf Vollständigkeit und absoluter Wahrheit. Vielmehr wollen wir mit den Handwerkzeugen, Tipps und Tricks geben, Ideen zur Weiterarbeit anstoßen, so dass jeder sein eigenes Repertoire entwickeln und erweitern kann. Denn wenn man nur einen Hammer hat, dann sieht jedes Problem wie ein Nagel aus.

Um einen authentischen Charakter nicht einer schlechteren Lesbarkeit zu opfern, verzichten wir auf die in der Fachliteratur übliche Vorgehensweise mit Hinweisen zu Quellen und wissenschaftlichen Zitaten.

Vielmehr ist uns eine leichte, unterhaltsame Lesbarkeit wichtig, Wir hoffen, dass so das Lernen interessanter wird.

Bleibt nur noch zu sagen: Wer Rechtschreibfehler findet, darf sie behalten.

Grundlagen

Unterschiede zwischen Integration und Inklusion

Integration

Oft werden die Begriffe Integration und Inklusion auch von offiziellen Stellen synonym verwandt. Dabei stehen hinter den Begriffen unterschiedliche Ansätze.

Bei der Integration geht es darum das Maßnahmen getroffen werden, die einen Menschen mit einer Behinderung befähigen, am gesellschaftlichen Leben teilzuhaben.

Wesentlich ist hierbei, dass der Mensch integrierbar ist! Die Maßnahmen sind personenabhängig.

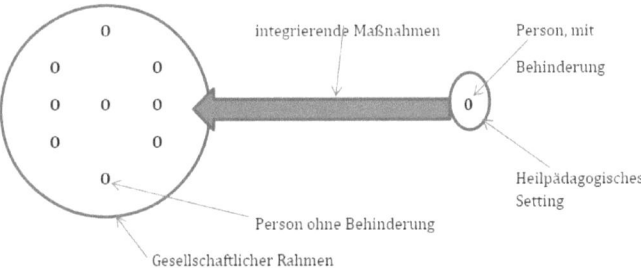

Inklusion

Die Inklusion stellt einen Paradigmenwechsel dar.

Bei der Inklusion geht es darum, dass das gesellschaftliche Leben seine Rahmenbedingungen so verändert, dass ein Mensch bereits ein Teil davon ist.

Wesentlich ist hier, dass das System inklusiv ist! Die Maßnahmen auf dem Weg zur Inklusion sind systemverändernd.

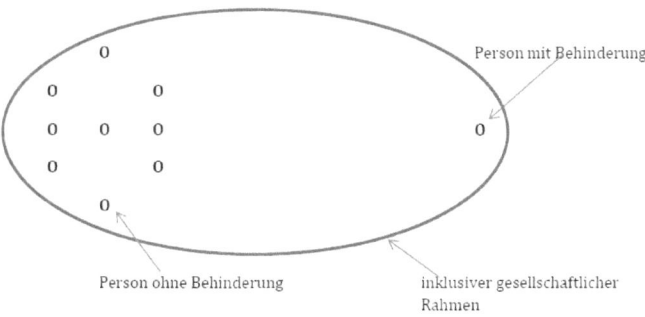

Eigentlich müssten nun alle Lehrer glücklich sein, denn während in der Integration sie maßgeblich gefordert waren, steht nun den Schülern mit Förderbedarf ein System zur Verfügung welches sie bereits mitdenkt!

Doch leider wird oft das inklusive System nicht vorgehalten. Vielmehr sollen die Lehrer die Inklusion stemmen. Das kann nicht funktionieren!

Ein inklusives Setting für Schülerinnen und Schüler mit sozial-emotionalem Förderbedarf ist komplett verschieden als das frühere Regelschulsetting. Inklusion ist mehr als nur die Abschaffung der Förderschulen und die Verfrachtung der Schüler in ein System, welches sie vorher aus guten Gründen nicht fördern konnte.

Nachfolgend ein paar Denkanstöße zur Schaffung eines inklusiven Settings für Schülerinnen und Schüler mit sozial-emotionalem Förderbedarf:

Prinzipien:

Klassenlehrerprinzip ist besser als Fachlehrerprinzip

Viele Schüler mit S-E- Förderbedarf benötigen feste und verlässliche Ansprechpartner. Oft ist dies mit weniger Lehrern leichter zu gestalten.

Klassenraumprinzip vor Lehrerraumprinzip

Diese Schüler benötigen oft eine räumliche Sicherheit. Außerdem kommt es auf langen Wegen oft zu schwerer kontrollierbaren Situationen. Das gefährdet ein Regelwerk

Echtes Teamteaching

Nur mit echter Teamarbeit sind oft die vielfältigen Probleme zu bewältigen.

Back-Up-Systeme müssen vorgehalten werden

Exklusive Settings für Schüler mit besonderem Bedarf müssen vorgehalten werden, damit Schüler kurzfristig inklusive Systeme verlassen können, bevor sie diese überlasten. (In der freien Wirtschaft wird jedes wichtige Instrument durch eine Back-up Ebene geschützt, damit die Ausnahme nicht das Gesamtregelwerk zerstört.) Dieses Back-Up-System sollte folgendes mindestens erfüllen:

- Auszeit
- Krisenintervention
- Deeskalation
- Streitschlichtung

Raumausstattung:

Schüler mit S-E-Förderbedarf benötigen oft mehr Platz, Bewegungsfreiheit, Sicherheit und Strukturhilfen. Das sollte bei der Raumplanung beachtet werden.

Mindestbedarf:

- Einzeltische
- Persönliches Schülerfach

Zusatz:

- Nebenraum
- Sofa (möglichst abwischbar Leder / Kunstleder)
- … alles was den Raum heimisch (Beziehungsebene) und nicht nur schulisch macht!
- Schulhöfe mit ausreichenden Platz für Spiel und Sportangebote, aber auch damit „Streithähne" sich ausweichen können.

Sicherstellung von Grundbedürfnissen

- Hunger muss ggf. auch kostenarm gestillt werden können. Möglichst schon vor dem Unterricht.
- Ruhe Räume
- Bewertungsfreie Gesprächsangebote (Krisenintervention)

Personal

- Gut ausgebildetes Personal in multiprofessionellen Teams

Netzwerke

- Zeit für Netzwerkarbeit

Diese Beispiele machen deutlich: Inklusion kostet Geld! Inklusion kann nur durch die gesamte Gesellschaft sichergestellt werden und kann nicht auf die Lehrer abgewälzt werden.

Emotionen

Vom Steinzeitvorfahren und vom prügelnden Schüler

Emotionen als Auslöser für sozial unerwünschtes, nicht pathologisches, vielmehr natürliches Verhalten

Jan prügelt auf Philipp ein. Er lässt sich erst stoppen, als er mit körperlicher Kraft von Philipp weggezerrt wird. Ist Jans Verhalten krank? Ist er gestört? Oder kann sozial unerwünschtes Verhalten eine natürliche Reaktion sein? Alles was nicht gewünscht ist, scheint auffällig, besonders dann, wenn es gesellschaftlich nicht häufig beobachtbar ist. Aber was heißt das dann? Wer muss reagieren? Ist das nur ein Fall für Psychiater oder ist es vielleicht gar nicht pathologisch und vielmehr ein Fall für Erzieher und Pädagogen?

Um diese Frage zu beantworten ist es wichtig, sich mit Gefühlen zu beschäftigen und zu erkennen, dass unsere Gehirnstrukturen 10.000 Jahre alt sind und vielleicht bei modernen Problemen nicht immer gleich die ideale Lösung für die heutige Zeit finden.

Der Mensch wünscht sich ein Gefühl des absoluten Glücklich-Seins. Diese 100 Prozent erreichen wir in der Regel nicht lange. Wir verwenden aber nicht viel Energie um von 95 Prozent zum Beispiel auf 100 Prozent zu kommen. Es stellt sich ein Gefühl der Zufriedenheit ein. In einem gewissen Maße tolerieren wir also ohne weiteren Antrieb zur Veränderung eine Zufriedenheit, auch wenn es noch nicht perfekt ist. Doch was passiert, wenn wir gestresst sind? Wenn etwas unser Glücklich-Sein stört oder wenn ein Schmerzreiz auftritt?

Gehen wir auf eine kleine Zeitreise:

Nehmen wir an: Unser Steinzeitvorfahre, nennen wir ihn Huga, trat in einen Dorn, der seinen Fuß durchbohrte. Was mag Huga getan haben? Was würden wir tun?

Eventuell würden wir schreien und nehmen wir deshalb einfach einmal an, Huga schrie auch. Seine ganze Gruppe konnte auf ihn aufmerksam werden. Sie konnten ihm zur Hilfe kommen, ihm den Dorn ziehen, ihm beim Laufen stützen und ihn ggf. in den nächsten Tagen pflegen und helfen.

Sein Schmerzschrei löste eine soziale Reaktion in der Gruppe aus. Es war nicht mehr nur sein Empfinden. Dadurch dass er seinem Gefühl Ausdruck gegeben hatte, konnte er durch die Kraft der Gruppe schneller wieder gesund und glücklich werden.

Volles Glück			
Eingeschränktes Glück	Schmerzgefühl	Schrei vor Schmerzen	

Ist das heute auch noch so? Als Student fuhr ich mit einem Einkaufswagen meinem Freund im Supermarkt in die Fußhacke. Er schrie wie am Spieß. Eine Kundin reagierte daraufhin wütend und schrie ihn an, er solle sich zusammenreißen und nicht so einen Lärm machen.

Oder was ist mit dem Erwachsenen, der einem Kind sagt: „Weine nicht, Indianer weinen auch nicht." Warum weinen in unserem Kulturkreis so wenig Menschen auf Beerdigungen?

Ist es aus der Mode gekommen, Gefühle zu zeigen?

Sicherlich macht es Sinn, mitunter keine Gefühle zum Ausdruck zu bringen und sich hinter einer Fassade zu verstecken.

Hätte unser Vorfahre Huga immer in Schmerzsituationen geschrien, so wären sicherlich Raubtiere auf ihn eher aufmerksam geworden, die seine Not z.B. nicht weglaufen zu können, ausgenutzt hätten.

Also die Unfähigkeit einen Alternativplan zu entwickeln, hätte dazu geführt, dass Huga evolutionär ausgestorben wäre, bevor er unser Vorfahre werden konnte.

Also konnte Huga sich sicherlich auch zusammenreißen und die Zähne zusammen-beißen.

Jedoch konnte er somit nicht mehr auf die volle Hilfe seiner Gruppe zählen, um schnell gesund und damit glücklich zu werden. Es war ein Notfallplan, der sinnvoll war, wenn von der direkten instinktiven Reaktion des sofortigen Ausdrucks eines Schmerzreizes abgewichen werden musste, um das eigentliche Überleben zu sichern. Außerdem konnte dieses Verhalten bei der Partnerwahl Vorteile haben, da Huga mit einer sichtbaren Verletzung, die er sich aber nicht anmerken ließ, besonders stark wirkte.

Wenn wir unsere Erstgefühle nicht zum Ausdruck bringen können, wechseln wir zu neuen Gefühlen, den Sekundärgefühlen. Diese haben in der Regel den Charakter von Wut und Zorn.

Wenn Huga von einem Tiger angegriffen wurde, machte ein Weinen und Schreien mitunter weniger Sinn, als Wut und Zorn, ggf. mit einer absoluten

Tötungsabsicht, um das eigene Überleben zu sichern, was nichts anderes bedeutet, als alles zu unternehmen, um wieder glücklich zu werden.

Wut und Zorn lässt uns oft richtig handeln, wenn der Ausdruck des Erstgefühls lebensgefährlich sein kann.

Liegen wir unter einer umgestürzten Betonplatte, außerhalb des Bereichs wo wir Hilfe erfahren können, können wir nur darauf hoffen, genug Kraft und Aggression zu entwickeln, um uns selbst zu befreien. Oder stellen wir uns Feuerwehrmänner vor, die vor einem brennenden Haus mit dem Besitzer weinen und nicht ihre ganze Kraft und positive Aggression dem Kampf gegen das Feuer entgegenstellen.

Das schnelle Wegschubsen einer Person, die auf unseren Fuß tritt, kann effektiver sein, als zu schreien und darauf zu warten, dass sie sich von unserem Fuß runter bewegt.

Volles Glück			
Eingeschränktes Glück	Schmerzgefühl	Schrei vor Schmerzen	
	Schwellenangst: Niemand darf erfahren, dass ich verletzbar bin		
Weiter eingeschränktes Glück	Unterdrücktes Schmerzgefühl	Wechsel zu Wut und Zorn	

Doch was ist, wenn wir unsere Gefühle nicht zeigen wollen, weil wir uns verletzlich fühlen aber gleichzeitig nicht emotional reagieren dürfen. Huga musste sich nur entscheiden, ob er seinem Erstgefühl Ausdruck gab oder seinem Zweitgefühl. Falls er sich für das Zweitgefühl entschied, galt es zu flüchten, anzugreifen oder sich tot zu stellen.

In der modernen Welt ist es da etwas schwieriger. Vor dem Chef wegzulaufen, bzw. ihn zu verprügeln ist nicht mehr angemessen. Im Gegensatz zum Tiger besteht keine akute Lebensgefahr und wir sind für unser Glück auf einen lebendigen Chef angewiesen.

Dies war wohl der Punkt, „an dem Huga sich für die Entwicklung einer Großhirnrinde entschied" und auch das Zweitgefühl unterdrückte für eine vernünftigere Lösung, die zwar nur selten komplett emotionsfrei ist, aber doch begründbar besser erschien.

Für diese Lösung entscheiden sich häufig Menschen, die Angst haben die Kontrolle zu verlieren, schließlich gilt es häufig die Fassung zu bewahren.

Volles Glück			
Eingeschränktes Glück	Schmerzgefühl	Schrei vor Schmerzen	
	Schwellenangst: Niemand darf erfahren, dass ich verletzbar bin		
Weiter eingeschränktes Glück	Unterdrücktes Schmerzgefühl	Wechsel zu Wut und Zorn	
	Schwellenangst: Niemand darf erfahren, dass ich die Fassung verliere		
Noch weiter eingeschränktes Glück	Unterdrückung des Zweitgefühls von Wut und Zorn	Wechsel zur Vernunft	

Diese Menschen scheinen heute in unserem Kulturkreis besonders gefragt zu sein. Wir treffen sie in fast jedem Beruf an und sind stolz, dass sie so rational handeln. Leider haben diese Menschen einen langen Weg, wenn sie Stress erfahren, um wieder glücklich zu werden. Ob das immer richtig und notwendig ist?

Die frühen Nachfolger von Huga brauchten ein vernünftiges, planvolles Handeln, weil es mehr Glück versprach, als blinde Wut oder eine schnelle Rache.

Doch was ist, wenn es keine vernünftigen Gründe gibt, wie wir wieder glücklich werden.

Dann schaffen wir uns eine Meinung! Diese Meinung ist zwar begründet, aber häufig wenig objektiv. Sie ist geprägt von Egoismus, Vorurteilen und von dem Gefühl, dass wir nicht leicht unterdrückt bekommen: Hass!

Typische Formulierungen die in dieser Phase auftreten, können sein:

„Was soll ich auch anderes von dem Erwarten!"

„Die, die schon so auftreten, sind alle asozial!"

Auch wenn uns diese Aussagen moralisch nicht zusagen, sind es trotzdem natürliche und gesunde Vorgänge, um glücklich zu werden. Denn ist ein Mensch von einem noch so sachlich falschem Vorurteil überzeugt, hat er eine Erklärung und sein Weltbild ist hergestellt und im Hass kann er sich zum Ausdruck bringen.

Ein Mensch der so etwas zeigt, muss nicht unbedingt zu einem Arzt.

Pathologisch wird es erst, wenn wir keine Meinung mehr bilden und selbst den Hass nicht mehr spüren, wie in einer Depression oder uns andere Dinge krank machen.

Leider können diese Personen häufig nicht mehr selber in die rationale Phase wechseln, da auch zwischen dieser Stufe eine Schwellenangst ist mit häufig irrationalen Ängsten.

Volles Glück			
Eingeschränktes Glück	Schmerzgefühl	Schrei vor Schmerzen	
	Schwellenangst: Niemand darf erfahren, dass ich verletzbar bin		
Weiter eingeschränktes Glück	Unterdrücktes Schmerzgefühl	Wechsel zu Wut und Zorn	
	Schwellenangst: Niemand darf erfahren, dass ich die Fassung verliere		
Noch weiter eingeschränktes Glück	Unterdrückung des Zweitgefühls von Wut und Zorn	Wechsel zur Vernunft	
	Schwellenangst: häufig irrational		
	Pathologische Phase		

Wenn es pathologisch wird, sind die Ärzte gefordert. Aber bei den vorherigen Prozessen, handelt es sich um natürliches Verhalten, welches sicherlich mitunter sozial unerwünscht ist. Es bleibt somit eine Aufgabe für die gesamte Gesellschaft, natürlich im Besonderen für Erzieher, Lehrer, Sozialarbeiter, Eltern, etc.

Was ist aber zu tun?

Der erste Schritt ist, sich bewusst zu machen, dass Emotionen auch ungewünschtes Verhalten hervorbringen können.

Danach ist es sinnvoll, sich den Ablauf vertraut zu machen. Was passiert, wenn wir die Schwellenängste schüren, anstatt diese Ängste anzusprechen und zu reflektieren?

Zurück zu Jan der im Ausgangsbeispiel auf Philipp einprügelt. Was ist Jan für ein Mensch?

Jan ist in seiner Klasse meist beliebt. Er ist cool. Er zeigt selten Gefühle, weder positive noch negative. Auf die Frage, warum er bei guten Witzen nicht laut lacht, sagt er: „Das ist doch peinlich." Aber Jan hat eine Charaktereigenschaft, die ihm in der Vergangenheit häufiger Probleme bereitet hat: Er äußert sich sehr abfällig über alle Menschen, die sich aus seiner Sicht

„gehen lassen". Er hasst z.B. dicke Menschen. Er hat eine sehr abfällige Meinung über die Mehrzahl seiner Mitschüler. „Das sind nur dumme Förderschüler." Er selbst sieht sich ungerechterweise auf einer Förderschule.

Jan hat keine richtigen Zukunftsziele. Ihm ist wichtig viel Geld zu verdienen, die Frage was er sich davon kaufen möchte, kann er nicht konkret beantworten. Aber er möchte etwas Positives darstellen.

Aus meiner Sicht befindet Jan sich überwiegend in der dritten Phase:

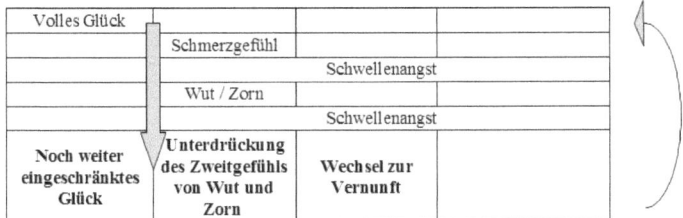

Er muss wahnsinnig viel Energie aufbringen, um glücklich zu sein. Es ist ihm peinlich (= Schwellenangst) Gefühle (selbst positive Gefühle) zu zeigen.

Nun ist Schule ein Zwangkontext. Viele Dinge müssen Schüler als äußerlich gesetzt hinnehmen.

Bei Jan:

- Schulart
- Mitschüler
- Lehrer
- Unterrichtsinhalte
- Unterrichtsmethoden
- etc.

Und was macht Jan, wenn es ihm im Zwangskontext nicht gut geht,

- er schweigt,
- er unterdrückt seine Wut und
- er bildet sich eine Meinung, um die Situation erträglich zu machen und um glücklich zu werden.

Dies ist auf Dauer sehr anstrengend und sicherlich nicht gesund.

Nun überwindet Jan vor lauter nicht mehr zu unterdrückender Wut seine Angst, die Kontolle zu verlieren und prügelt auf Philipp ein.

Natürlich ist sein Verhalten nicht zu dulden und bedarf einer Klärung und Konsequenz, aber wie viel Schuld tragen wir daran, dass Jan immer unter Druck steht und aus seiner Sicht nur gesund mit Wut und Zorn reagiert hat.

Der Gewaltausbruch ist sozial unerwünscht, jedoch eine natürliche Konsequenz bei permanent unterdrückten Gefühlen.

Jan musste im Rahmen einer Ordnungsmaßnahme die Klasse verlassen und in eine Intensivgruppe wechseln.

Mein Ziel als unterrichtender Lehrer in der Intensivgruppe war es nun, dass er nicht lernt, dass er falsch gehandelt hat, im Sinne von unnatürlich oder krank, sondern das sein Verhalten sozial unerwünscht war. Und dass er lernen sollte, andere Wege aus negativen Gefühlen zu finden.

Aus diesem Grund erklärte ich Jan, unsere Steinzeit Gehirnstrukturen als Teil einer sonderpädagogischen Förderung im emotionalen Bereich. Er macht nun erste gute Fortschritte und lacht lauter, selbst in der Öffentlichkeit.

Motivation

Ich versuche zu motivieren und Leon macht nichts.

Einleitung

Leon macht nichts. Das heißt, er setzt sich morgens auf seinem Stuhl und bleibt dort sitzen. Er holt kein Heft raus, zeigt keine Mitarbeit und interessiert sich nicht für seine Mitschüler. Lediglich wenn ich ihm bei seinem Nichtstun störe, weil ich von ihm etwas fordere oder erwarte, provoziert er nach kurzer Zeit seine Mitschüler, so dass ich mich um den Konflikt kümmern muss und nicht weiter seine Mitarbeit einfordern kann. Irgendwann bin ich glücklich, dass ich es geschafft habe, dass er seine Provokationen einstellt und gebe mich mit dem Waffenstillstand zufrieden. Leon macht dann wieder nichts. Bis zum Schultagsende und das seit Monaten.

Ich habe ihn gebeten, gezwungen, erpresst, belohnt, verhandelt, ignoriert, absurd interveniert mit dem Ergebnis, dass Leon nichts machte, außer bei mir die Frage zu wecken: Wie kann ich einen Menschen motivieren, dass er die von mir gesetzten Ziele erreichen möchte.

Ergebnis der Frage: Ich kann Menschen nicht motivieren!

Erkenntnis 1:

Es ist in letzter Konsequenz unmöglich einen Menschen zu motivieren, denn er kann sich nur selber motivieren. Wichtig ist aber die Erkenntnis, dass wir umgekehrt Menschen demotivieren können.

Also ist es wichtig, alles zu unterlassen, was einen Menschen demotivieren kann.

Jeder Mensch geht da weg, wo er nicht wahrgenommen wird. Aber da wo er so sein kann wie er ist, da bleibt er.

Daraus folgt: Leon bleibt und soll sich angenommen fühlen, auch wenn er antriebslos ist. Denn ich muss die Antriebslosigkeit annehmen, akzeptieren, bevor er motiviert sein kann, sie ggf. abzulegen. Solange ich sie nicht akzeptiere und annehme, wird er sie als etwas von ihm und für ihn Notwendiges verteidigen.

Negative Verstärkung:

Wenn wir Menschen hingegen zu etwas zwingen, erpressen, nötigen, sie strafen, damit sie etwas lernen, dann funktioniert dies nicht. Sie werden nur eine Handlung vollziehen, aber sicherlich nicht im eigentlichen Sinne lernen.

Nehmen wir an, wir zwingen Leon in der Zeit, in der er nachsitzen soll einen Aufsatz zu schreiben, damit er lernt wie ein Aufsatz geschrieben wird. Nach zwei Stunden bekommen wir einen Aufsatz.

Was haben wir dann erreicht?

Hat Leon dabei wirklich gelernt, wie er einen Aufsatz schreiben soll?

Werden im Gehirn die Synapsen für das Aufsatzschreiben gewachsen und sich weiter verknüpft haben? Das war doch unser Ziel.

Oder haben sich vielmehr die Synapsen vermehrt, die uns kreativ befähigen, Zwangskontexte elegant zu verlassen?

Positive Verstärkung:

Oder nehmen wir an, dass wir den Schüler bestechen, nach dem Motto: Wenn du einen Aufsatz schreibst, bekommst du einen Preis. Wir nennen es positive Verstärkung. Die müsste eigentlich funktionieren, denn mir ist der Arbeitslohn ja auch wichtig.

Aber funktioniert sie auch, wenn ich etwas absolut nicht möchte?

Machen Sie jede Arbeit, Hauptsache die Bezahlung stimmt?

Sobald die Grundbedürfnisse und Grundsicherheiten gestillt sind, ist eine Bezahlung eine schöne Ergänzung, aber nicht eigentlicher Motivator.

Neben den materiellen Dingen zur positiven Verstärkung gibt es auch die nicht materiellen Dinge wie z.B. Lob. Für viele Lehrer sind die nicht materiellen positiven Verstärker angenehmer. So führte meine Versorgung der Schüler mit Süßigkeiten bei einer Kollegin zu der Erkenntnis, dass ich die Schüler ködere und sie meine Strategie als „Rattenpädagogik" bezeichnete. Ich persönlich sehe es da aber wie Bertold Brecht, der schon wusste: „Erst kommt das Fressen und dann die Moral."

Mittlerweile weiß ich aber, dass meine Süßigkeiten nicht motivieren, sondern nur eine Atmosphäre schaffen, die nicht demotiviert.

Nach der Erkenntnis, dass sich ein Mensch nur selber motivieren kann, kam mir die Fragen, wann motiviert sich ein Mensch selber?

Erkenntnis 2:

Damit ein Mensch sich irgendwo bewusst und gezielt hinbewegt, braucht er ein Ziel.

Der Mensch muss sich aber selber ein Ziel setzen, was er erreichen möchte und von dem er glaubt, dass er es erreichen kann.

Für Leon und für mich bedeutete dies; dass nicht mehr meine Ziele wichtig waren, auch wenn ich sie scheinbar schülerbezogen ausgewählt habe, sondern ich kann maximal eine Absicht haben. Das Ziel setzt sich aber Leon! Konkret heißt das, meine verfolgte Absicht muss nicht Leons Ziel sein.

Viel zu oft schreiben wir Schülern ihre Ziele vor. Und viel zu oft übernehmen die Schüler blind diese Ziele. Diese Tatsache ist einem hierarchischen Denken geschuldet, von dem wir uns erst seit einigen Jahren befreien wollen. Es gibt keine heilige Ordnung (Hierarchie griechisch). Menschen, die diese heilige Ordnung erhalten wollen, haben oft nur Angst die Kontrolle zu verlieren. Dass sie damit Kreativität und Motivationen töten, scheinen sie billigend in Kauf zu nehmen. Hierarchisches Denken sollte aber in einer Demokratie nur in wichtigen Sicherheitsfragen genutzt werden. In einer Schule, die demokratisches Denken fördern möchte, wäre ein hierarchisches Vorgehen zwischen Schüler und Lehrer absurd und kontraproduktiv. Dies schließt natürlich nicht aus, dass die verschiedenen Rollen verschiedene Aufgaben haben. Aber sie haben kein höheres Stimm- und Entscheidungsrecht. Sobald Rechte hierarchisch gegliedert sind, dient es dem Schutz einer ängstlichen Obrigkeit und zerstört das Verantwortungsbewusstsein der „Diener".

Ich bin mir nur bei einem Schüler sicher, dass er niemals zu einem Mitläufer in einem faschistischem Regime wird: Das ist Leon!

Für Erkenntnis 2 ist es wichtig, dass niemand demotivierend handelt, indem er

- versucht die Person fremd zu bestimmen und
- notwendige Ressourcen (Zeit, Geld, Unterstützung) nimmt oder gar nicht erst zur Verfügung stellt.

Damit ein Mensch sich motiviert fühlt etwas zu tun, müssen drei Faktoren erfüllt sein. Diese drei Faktoren gelten auch als salutogene, d.h. gesundheitsfördernde Faktoren.

- Eine Person weiß was gerade passiert
- Sie beurteilt das Geschehen für sich als erstrebenswert und
- Sie erhält die Möglichkeit bei der Gestaltung mitzuarbeiten.

Diese drei Faktoren werfen zwei Fragen auf:

- Wann empfindet eine Person eine Angelegenheit als erstrebenswert (Faktor 2)?
- Wie schafft man Transparenz (Faktor 1) und Gestaltungsmöglichkeiten (Faktor 3)?

Wann ist eine Angelegenheit erstrebenswert?

Es gibt drei Motivatoren für den Menschen. Interessant dabei ist, dass ihre Ausprägung individuell verschieden ist. Das Schulsystem hat sich darauf bisher kaum eingestellt.

1. Das Interesse (kognitiv / geistig) an einer Angelegenheit ist ein Motivator, der etwas als Erstrebenswert erscheinen lässt.

2. Das was unserem Gemüt entspricht (emotional = unserer inneren Haltung Freude und Sicherheit gebend), ist ebenso ein Motivator, der im Unterricht viel zu wenig genutzt wird und manche Schüler erst auf dem Schulhof befreit handeln lässt.

3. Die Lust, als sinnlich körperlicher Motivator. Sie wird nur angesprochen, wenn auch sinnliche Erfahrungen in der Schule möglich sind.

Ein Lernangebot für Kopf, Herz und Hand bietet somit eine höhere Chance, dass sich Schüler motiviert fühlen.

Die gesundheitsfördernden Faktoren 1 und 3 führen dazu, dass ich als Lehrer Einfluss nehmen kann, auch wenn ein unmittelbares Motivieren nicht möglich ist.

Wie schaffe ich nun Transparenz und Gestaltungsmöglichkeit, damit Menschen sich selber motivieren?

Erkenntnis 3

Um diese Frage zu beantworten fand ich als dritte Erkenntnis das Zitat von Antoine de Saint-Exupery:

„Wenn Du ein Schiff bauen willst, dann trommle nicht Männer zusammen um Holz zu beschaffen, Aufgaben zu vergeben und die Arbeit einzuteilen, sondern lehre die Männer die Sehnsucht nach dem weiten, endlosen Meer."

An diesem Schiff werden alle die mithelfen, die keine andere größere Sehnsucht haben (Erkenntnis 2). Aber nicht ich gebe als Motivator eine heilige Ordnung (Hierarchie: Schiffsbauplan, Einteilung der Arbeitszeiten und -kräfte, Material etc.) vor, sondern die Männer schaffen sich ihre eigene Ordnung, nachdem ich ihnen einen transparenten Einblick in alle Angelegenheiten gegeben habe.

Um zu verstehen, wie ich eine bessere Gestaltungsmöglichkeit schaffe, half mir die Besinnung auf altgriechisches Denken. In der ersten Demokratie gab es für alle wichtigen Angelegenheiten einen Gott.

Einen Gott haben wir nach der Zerschlagung der griechischen Demokratie leider in unserem Denken vergessen. Den Gott Kairos. Wir vergaßen ihn, weil wir in den nachfolgenden tyrannischen Zeiten nur das huldigten, wofür bei den Griechen der Gott Chronos stand.

Chronos steht für die permanent vergehende Zeit. Er sagt uns: Alles hat einen Anfang und wir streben zum Ende, wir müssen pünktlich sein, uns eine feste Ordnung geben. Mit Chronos schaffen wir Rezepte und können alles nach einem Rezept kopieren. Feste Regeln, die immer gelten, eine strenge Hierarchie. Aber der Preis dafür ist: Wir schaffen keine Kreativität, keine Originale, wir machen nur noch Kopien.

Ein Schulleiter der nach dieser Art strebt, nimmt den Kollegen die Kreativität und schafft ersetzbare Lehrerkopien, doch die Originale wird er zerstören. Ein Lehrer der so vorgeht, begeht ebenfalls Gleichschaltung an seinen Schülern. Er wird sie nie zu mündigen Erwachsenen erziehen können.

Doch wer war Kairos?

Kairos war wie Chronos ein Gott der Zeit. Aber nicht der in festen Takten ablaufenden Zeit, sondern der Gott des richtigen Zeitpunktes.

Kairos war ein nackter, mit Öl eingeriebener Läufer, der einen nach vorne gekämmten Scheitel hatte. Niemand konnte genau wissen, wann Kairos vorbei kam und so schnell wie er da war, war er auch wieder weg. Versuchte man Kairos zu fassen, flutschte er einem durch die Finger. Es gab nur eine Möglichkeit ihn zu fassen, man musste sich darauf vorbereiten, dass er immer vorbei kommen konnte und dann, wie wir heute noch sagen, ihm beim Schopfe packen.

Erkenntnis 4

Neben diesen emotionalen und kognitiven Faktoren gibt es im Gehirn zusätzlich noch den Botenstoff Dopamin. Dieser kann als Motivationsschub dienen. Zu Beginn der Forschung ging man davon aus, dass Dopamin der Motivator schlechthin ist. Mittlerweile weiß die Forschung, dass Dopamin dazu führt, Lernprozesse zu beschleunigen, indem wir durch körpereigene Endorphine positive Verstärkung erleben. Diese positive Verstärkung als innerer Motivationsunterstützer erfolgt immer dann, wenn etwas besser ist, als wir es erwartet haben.

Bei routinierten Geschehnissen können wir leider nicht auf den „Turbo für die Motivation" zurückgreifen. Leider ist er in den gewohnten Arbeitsabläufen nicht immer abrufbar. Jedoch ist es sinnvoll zu versuchen antriebslose Schüler, die offensichtlich nicht viel Positives von Lehrern erwarten, positiv zu überraschen um den Turbo ggf. für den Start zu nutzen.

Resultat:

Leon arbeitet. Er baut ein Hinweisschild für Fußgänger, dass an einem Weihnachtsbaum steht, den wir mit Obst für die im Wald lebenden Wildtiere geschmückt haben. Ich habe ihn nie motiviert bekommen. Er hat sich selber motiviert, nachdem

- ich seine Antriebslosigkeit akzeptiert hatte (diese Akzeptanz überraschte Leon, er testete kurz aus, ob ich es ernst meine und strahlte nach kurzer Zeit, als er sich davon überzeugt hatte. Vielleicht habe ich ihn so überrascht, dass er den Dopaminturbo aktivierte.)
- ich ihm gezeigt hatte, was er alles tun kann und wie er an die notwendigen Ressourcen kommt und das auch für sein Nichtstun eine Couch zur Verfügung steht, weil ich auch akzeptiere, wenn er schlafen möchte (Gestaltungsmöglichkeit durch Wahlfreiheit in allen sachlichen Angelegenheiten).
- ich habe ihm keine zeitliche Begrenzung gegeben und erlaubt, dass er jederzeit anfangen darf. Für diese positive Zeit-Entgrenzung, in der Kairos vorbei kommen konnte, ist Schule (von: scole, abgl. Scola = Ort der Muße) eigentlich der richtige Ort.

Für Leon ist das Bauen des Schildes ein Ziel, zu dem er sich motiviert fühlt. Denn

- er weiß, was gerade passiert,
- er findet gut was passiert (Ich glaube er hat Mitleid mit den Tieren im Wald, weil er selber weiß, was schwere Zeiten sind).

- Er bekam die Möglichkeit das Hinweisschild selber zu bauen und zu gestalten
  - durch doppelte Transparenz:
    - Ich habe ihm gezeigt, wie er an notwendiges Material kommt und
    - dann erklärte er mir, dass er es alleine machen möchte und keine Hilfe bekommen möchte.
  - da ich bereit war, auf den für ihn richtigen Zeitpunkt (Kairos) zu warten.

Ich hoffe, dass ich gelernt habe Leon mit meinen Zielvorstellungen nicht mehr zu demotivieren.

Regeln

Jeder Pädagoge muss seinen eigenen Stil entwickeln. Ich habe zuerst meinen Stil entwickelt und kann heute einige Regeln ableiten, die mir wichtig geworden sind. In schwierigen Alltagssituationen, wo schnell gehandelt werden muss, können Prinzipien hilfreich sein. Es ist mir egal, ob Sie eigene Regeln entwickeln oder ob Sie meine übernehmen. Aber Prinzipien zu haben ist sinnvoll.

Regel 1: Sei authentisch!

Regel 2: Sei verlässlich!

Regel 3: Wenn es schwierig werden kann, sei niemals alleine!

Regel 4: Kein Schüler ist gerne verhaltensauffällig!

Regel 5: Verhalten hat immer eine Funktion! Finde sie heraus.

Regel 6: Im Unterricht sollen nur sinnvolle Tätigkeiten stattfinden!

Regel 7: Pausen sind sinnvoller als Arbeitsbeschaffungsmaßnahmen!

Regel 8: Verhindere Störungen, bevor sie entstehen!

Regel 9: Störungen haben keinen Vorrang, sie wollen sich nur Vorrang nehmen!

Regel 10: Du kannst nicht motivieren, aber demotivieren. Lass es!

Regel 11: Regeln ohne Regelwerk sind nutzlos!

Regel 12: Wenn es kritisch wird, gewinne Zeit durch einen standardisierten Alternativplan, der immer klappt!

Regel 13: Mache niemals Dienst nach Vorschrift!

Regel 14: Übernehme Verantwortung für das, was du tust und lässt!

Regel 15: Kenne deine Grenze und akzeptiere die Verantwortung und Freiheit der Schüler!

Diagnostik

Fragen zur Diagnostik

„Bei mir sind nur schwierige Schüler in der Klasse. Die sind alle verhaltensauffällig!"

Solche und ähnliche Aussagen höre ich häufig. Ich persönlich finde diese Aussage nicht nur unverschämt, sondern sehe sie als so undifferenziert an, dass ich die Person, die eine solche Aussage macht, kaum als Lehrperson ernst nehmen kann.

Schwierig sind schließlich alle Schüler, die mehr Hilfe benötigen, als ich in der Lage bin zu geben. Sind nun die Schüler schwierig oder bin ich nur an meine Grenze gekommen?

Was verhaltensauffällig ist, hängt stark von der Norm ab, mit der ich eine Situation beurteile. Häufig hat das was wir als auffällig bezeichnen, für den Betroffenen einen Wert und eine Funktion. Um Verhaltensweisen ein bisschen besser zu beobachten und zu beschreiben, stelle ich mir immer eine Menge Fragen. Die Fragen habe ich aus unterschiedlichen Screeningbögen zusammengetragen. Beim Ausfüllen wird deutlich, wie differenziert Verhalten betrachtet werden kann und das kein Schüler nur auffällig ist!

Im Anschluss daran findet sich mein Aggressionsanalysebogen. Dieser hilft bei der Unterscheidung unterschiedlicher Aggressionen.

Fragenkatalog für soziales und emotionales Verhalten

1. Individuelle Kriterien im Sozialverhalten

   1.1 Selbstwahrnehmung

Sieht er bei Konflikten mit anderen eigene Fehler?

Nimmt er eigene Gefühle wahr?

Schätzt er die Folgen des eigenen Handelns realistisch ein?

Versucht er eigene Fehler wieder gut zu machen?

Beschreibt er eigenes Verhalten genau?

Ist er in der Regel fröhlich und sorglos?

   1.2 Impulskontrolle

Kontrolliert er aufbrausendes / wütendes Verhalten?

Sitzt er ruhig an seinem Platz?

Schiebt er eigene Bedürfnisse auf?

Erträgt er Misserfolge?

Wartet er ruhig bei Problemen bis der Lehrer ihm hilft?

Geht er mit Kritik angemessen um?

Akzeptiert er das Eigentum und den Besitz anderer?

Zeigt er außerhalb des Unterrichts Selbstkontrolle?

   1.3 sensorische Informationsverarbeitung

Er hat keine erhöhte oder geringe Wahrnehmung in Sicht, Hören, Berühren / Führen, Geruch oder

Geschmack?

Er hat kein erhöhtes oder geringes Schmerzempfinden?

Er imitiert auf Wunsch Tätigkeiten, Bewegungen anderer Personen?

Er reagiert auf Alltagsgeräusche nicht außergewöhnlich?

2. Kriterien gegenüber Mitmenschen im Sozialverhalten

2.1 Gruppenverhalten

Ist er rücksichtsvoll?

Arbeitet er mit anderen in einer Gruppe?

Spielt er lieber mit Mitschülern als alleine?

Zeigt er Freude am gemeinsamen Tun?

Lässt er fremde Beiträge gelten?

Schließt er Kompromisse?

Akzeptiert er gemeinsame Ziele?

Spielt er interaktive Spiele?

2.2 Positives Durchsetzungsvermögen

Löst er Konflikte gewaltfrei?

Bleibt er bei der Wahrheit?

Reagiert er auf unangemessenes Verhalten anderer angemessen?

Äußert er Kritik angemessen?

Ist er in der Regel selbstbewusst und fürchtet sich nicht schnell?

Kann er Gespräche beginnen und aufrecht halten?

Äußert er eigene Wünsche akzeptabel?

Hat er keine heftigen Trotzanfälle?

2.3 Hilfsbereitschaft

Erkennt er, wenn andere Hilfe brauchen?

Hilft er aus eigener Initiative?

Tröstet er andere, wenn ihnen Schaden zugefügt wurde?

Teilt er mit seinen Mitschülern?

Muntert er andere auf?

Kann er sich in seine Mitmenschen einfühlen?

2.4 Gestaltung von positiven Sozial-kontakten

Reagiert er auf Blickkontakt und Lächeln?

Reagiert er flexibel auf spontan veränderte Situationen?

Hat er mindestens einen guten Freund?

Hält er angemessen Distanz?

Zeigt er Gefühle angemessen?

Drückt er Anerkennung gegenüber anderen aus?

Nimmt er altersadäquat Kontakt auf?

Will er zu einer Gruppe gehören?

3. Kriterien für Lernverhalten

3.1 Leistungsbereitschaft

Interessiert er sich schnell für Neues?

Befolgt er Lehreranweisungen?

Arbeit er ohne ständige Rückmeldung und Hilfe?

Kommt er regelmäßig zur Schule?

Kommt er pünktlich zum Unterricht?

Arbeitet er auch bei Fachlehrern mit?

Bearbeitet er Aufgaben mit Ausdauer, selbst wenn diese uninteressant sind?

Strengt er sich an, um eine Aufgabe zu lösen?

Bearbeitet er Aufgaben über die Pflichtaufgabe hinaus?

Zeigt er Ausdauer bei interessanten Aufgaben?

Versucht er zügig zu arbeiten?

3.2 Aufmerksamkeit und Konzentration

Lenkt er die Aufmerksamkeit gezielt auf eine Aufgabe, wenn dies erforderlich ist?

Arbeitet er ohne Unterbrechung?

Arbeitet er ohne Flüchtigkeitsfehler?

Sieht er bei Anforderungen genau hin?

Hört er bei Anforderungen genau zu?

Ist er in der Regel ausgeschlafen?

3.3 Selbstständigkeit beim Lernen

Führt er eine Aufgabe vollständig alleine durch?

Holt er nur Hilfe, wenn dies die Aufgabe erfordert?

Setzt er sich erreichbare Ziele?

Kann er erreichte Ergebnisse selbstständig bewerten?

Geht er gezielt vor?

Stört er nicht den Unterricht?

3.4 Ordnung und Sorgfalt

Geht er mit schulischen Arbeitsmaterialien sorgfältig um?

Hält er seinen Arbeitsplatz sauber?

Erledigt er Hausaufgaben sorgfältig?

Macht er Hausaufgaben vollständig?

Geht er mit Heften ordentlich um?

Hat er seine Arbeitsmaterialien immer dabei?

Verhält er sich sauber auf dem Schulhof?

Agressionsanalyse

Analysebogen zu fremdaggressivem Verhalten (AfaV)	Name: Alter: Datum:	1. **Allgemein:** Klasse: Wie oft kommt es zu aggressivem Verhalten?

2. Die Aggression richtet sich gegen
- Lehrer
- Erwachsene
- Gleichaltrige oder ältere Mitschüler
- Schwächere oder/jüngere
- Ausländer (oder bei Ausländern gegen Deutsche)
- Tiere
- Gegenstände

3. Erscheinung
- Das Verhalten wird offen gezeigt
- Das Verhalten wird verborgen gezeigt
- Es handelt sich um verbale Beleidigungen bzw. beleidigende Mimik und Gestik
- Es handelt sich um Drohungen
- Es handelt sich um körperliche Auseinandersetzungen
- Es handelt sich um Mobbing
- Es wird bewusst auf Waffen verzichtet
- Es kommt im Affekt zum Gebrauch von gefährlichen Gegenständen
- Es werden bewusst Waffen eingesetzt
- Es findet Bandenbildung statt

4. Das Motiv ist ....
- aufmerksamkeits-suchend
- räuberisch oder stehlend

  Ziel: Aneignung begehrter Dinge

- pubertäre Kraftprozerei
- rassistisch
- sexistisch
- sadistisch
- bewusste Unterdrückung Schwächerer

  Ziel: Macht über andere Menschen

Es handelt sich um angreifende Aggression

Häufige Ursache
Erziehung mit wenig erzieherischer Aufsicht
Pädagogische Maßnahmen
- Grenzen setzen, beaufsichtigen,
- Alternativen anbieten, so dass erlernt wird wie eine aggressionsfreie Selbstverwirklichung möglich ist.

- Rache
- aufgestaute Wut

- gefühlte Wut / Rache oder Verletzung des Gerechtigkeitsgefühls

Es handelt sich um verteidigende Aggression

Häufige Ursache
Mangel an elterlicher Wärme und Fürsorge
Pädagogische Maßnahmen
- benötigen oft Transparenz in Bezug auf Handlungsmotive anderer Menschen
- Umgang mit Provokationen lernen

- Verteidigung
- Angst
- „präventiver Erstschlag"

- gefühlte Bedrohung und Aggression dient Verteidigung

- Absichtslos
- Fahrlässigkeit

- Fehlende Wahrnehmung oder fehlende Wertschätzung

Es handelt sich um unbewusste Aggression

Ursache:
viele Möglichkeiten denkbar
Maßnahme
Abklärung von möglichen medizinischen Problemen

Handlungsebene Kollegium

Kollegiale Fallberatung

Alle für Einen - Einer für Alle

Die Beschulung von Schülern mit sozialem und emotionalem Förderbedarf setzt ein Netzwerk voraus, welches die Beschulung erst ermöglicht.

Versuchen sie nicht als Einzelkämpfer zu agieren. Sie werden eher früher oder als später scheitern.

Konkret heißt das: Nutzen Sie alle Möglichkeiten gemeinsam mit Kollegen zu handeln und schaffen Sie interne Beratungsmöglichkeiten.

Eine Methode der internen Beratungsmöglichkeit ist die kollegiale Fallberatung. Diese werde ich kurz skizieren.

Jede Beratung ist nur so gut, wie der Kontext in dem die Beratung erfolgt.

Wesentliche Rahmenbedingungen für eine gute Beratung sind:

- Wertschätzung und Respekt

Viel zu oft haben Lehrer Angst vor Beratung, da eine Beratungskultur an der Schule fehlt. Dies führt dazu, dass Kollegen, die Beratung wünschen, als unfähig, ideenlos oder anderweitig abgewertet werden. Dabei haben gerade diese Kollegen, die Kompetenz eigene Grenzen zu erkennen und sie mutig offenzulegen, um die Chance zu nutzen, sich zu verbessern.

Beratung braucht Zeit. Wenn für eine Beratung nicht mindestens 45 Minuten eingeplant wurden, dann fehlt häufig die Bereitschaft sich auf den Ratsuchenden einzulassen.

- Ergebnissoffen

Eine Beratung, die nicht ergebnisoffen ist, ist keine Beratung, sondern eine Bevormundung!

Verzichten sie auf gut gemeinte Ratschläge. „Auch Ratschläge sind Schläge!"

- Strikte Regelbeachtung

Nur wenn die Regeln und der Ablauf eingehalten werden, ist auch gesichert, dass eine Transparenz gegeben ist, die es dem Ratsuchenden ermöglicht, den Beratenden zu vertrauen und sich zu öffnen.

Nachdem die Rahmenbedingungen umgesetzt sind, kann in acht Schritten die Beratung erfolgen.

1. Themenauswahl

In Kollegien, in denen Beratung einen hohen Stellenwert hat, können regelmäßige Beratungskonferenzen angesetzt sein. Zu Beginn stellt jeder Teilnehmer in einer kurzen Darstellung einen Fall vor.

Nach der Vorstellungsrunde entscheidet das Kollegium gemeinsam, welchen Fall sie aufgreifen wollen.

2. Festlegung Moderator, Schreiber

Nachdem der Fall ausgewählt ist, werden ein Moderator und ein Schreiber festgelegt.

Der Moderator hat die Aufgabe die Gesprächsregeln zu

überwachen und den Beratungsablauf in der richtigen Reihenfolge zu leiten.

Der Schreiber unterstützt den Ratsuchenden, indem er für diesen Notizen anfertigt. Es wird aber kein Protokoll angefertigt.

3. Ratsuchender stellt Fall vor.

Der Ratsuchende stellt den Fall nun ausführlich vor.

Es ist nicht erlaubt, den Ratsuchenden bei der Schilderung des Falls zu unterbrechen.

4. Fragerunde

Die Berater dürfen Fragen zum Fall stellen.

Es ist in dieser Phase nicht erlaubt

- Lösungen zu nennen,
- selber beschreibende Aussagen zum Problem zu machen oder
- Wertungen abzugeben.

(Hier ist die besondere Aufmerksamkeit des Moderators zur Regeleinhaltung gefragt.)

5. Ratsuchender bittet um Lösungsvorschlag

Der Ratsuchende formuliert nun eine konkrete Frage, für die er eine Lösung haben möchte.

6. Beratende geben Lösungsvorschläge

Die Berater geben nun Lösungsvorschläge. Dabei antworten sie nur auf die konkrete Frage. Nebenthemen werden nicht beachtet! Die Berater reduzieren ihre Aussage ganz konkret nur auf den Lösungsvorschlag. Begründungen / Erklärungen, Wertungen, Drängen zum Lösungsvorschlag sind nicht erlaubt. Fragen dürfen nicht mehr gestellt werden. Der Schreiber notiert die Lösungsvorschläge, so dass der Ratsuchende in Ruhe alle Lösungsvorschläge anhören kann.

7. Ratsuchender erhält Lösungsvorschläge,

Der Ratsuchende erhält nun vom Schreiber die Lösungsvorschläge. Der Ratsuchende bewertet die Lösungsvorschläge und wählt die für ihn passende Lösung aus.

Es ist den Beratern nicht erlaubt den Lösungsvorschlag zu kommentieren.

8. Experimentierphase

Der Ratsuchender probiert den oder die passenden Lösungsvorschläge im Alltag aus und gibt, bei der nächsten Fallberatung, eine Rückmeldung an die Fallberatungskonferenz.

Elternarbeit

Der größte Feind der Lehrer: Eltern?

Die Zusammenarbeit mit den Eltern ist sehr wichtig. Aber manchmal gestaltet sie sich als besonders kompliziert, denn Eltern von schwierigen Kindern empfinden wir ebenfalls oft als schwierig, weil sie anders sind. Die Unterschiede zwischen der Elternwirklichkeit und unserer Wirklichkeit führt mitunter zu Konflikten. Und was ist, wenn wir wegen der Unterschiede die Einschätzung haben, dass die Eltern sowieso nicht helfen können, weil sie vielleicht erziehungsunfähig sind?

Soll ich dann noch Zeit in Gespräche investieren?

Stellen Sie sich einmal vor, wie hinderlich es ist, wenn erziehungsunfähige Menschen gegen Sie arbeiten. Es ist sicherlich angenehmer, wenn die Eltern, ob erziehungsfähig oder nicht, Ihnen vertrauen und Sie ggf. alleine Verhaltens-alternativen mit ihrem Kind erarbeiten lassen, als das die Eltern das Kind gegen Sie aufhetzen.

Denn so kann man zwar auch an einem Strang ziehen, aber es ist bekanntlich nur sinnvoll, wenn nicht an zwei verschiedenen Enden und in entgegengesetzte Richtungen gezogen wird.

Wenn es irgendwie möglich ist, gilt:

Akzeptieren Sie, dass es Unterschiede gibt.

Sie müssen eine Beziehung zu den Eltern aufbauen. Unterschiedliche Sichtweisen können gute Ergänzungen sein.

Bevor Sie nun weiterlesen, entscheiden Sie:

- Wollen Sie professionell eine Beziehung aufbauen und akzeptieren Sie die Unterschiede

oder

- wollen Sie mit den Eltern Memory spielen und nur Gleichheiten suchen?

Die Vodafone-Stiftung hat vier Qualitätsmerkmale als Kompass für guteElternarbeit beschrieben:

1. Es gibt eine Begegnungs- und Willkommenskultur an der Schule.

Es gilt, eine Atmosphäre aufzubauen, in der sich die Eltern wohl und wertgeschätzt fühlen.

2. Es gibt eine vielfältige und respektvolle Kommunikation

Die Eltern und Lehrer informieren sich unabhängig über alle wesentlichen Dinge, die für die Bildung und Erziehung wichtig sind.

3. Es gibt eine Bildungs- und Erziehungskooperation

Dabei sprechen sich Eltern und Schule über mögliche Ziele und Interessen gemeinsam ab. Die individuelle Mitsprache ist gewährleistet.

4. Partizipation der Eltern ermöglichen

Kollektive Mitsprache wird organisiert. Wie setzen wir diese Dinge um? Stellen Sie sich einige Fragen. Es ist verboten sie mit: „Das ist auch an anderen Schulen so," oder: „Das ist schon immer so gewesen!" zu beantworten. Denn wo kämen wir hin, wenn alle sagen würden: „Wo kämen wir hin?" und keiner nachschauen würde, wo wir hinkämen, wenn wir losgehen würden?

- Gibt es für die Eltern eine schriftliche Darstellung aller wichtigen Informationen über die Beschulung? Stehen diese Informationen nur auf deutsch zur Verfügung?

- Wird die Lösung schulischer Probleme dem Elternhaus überlassen? Werden z.B. Schüler kurzfristig nach Hause geschickt ohne den Eltern Organisationsmöglichkeiten einzuräumen?

- Wann haben die Eltern die Möglichkeit, die Lehrer zu sprechen? Nur vormittags, wo sie selber arbeiten müssen?

- Wo und wie finden Gespräche mit den Eltern statt? Im Klassenraum (Damit sie ein Heimspiel haben?) Sitzen die Eltern auf viel zu kleinen Stühlen? Stehen Sie vorne oder sitzen Sie am Pult als Lehrer und nicht als Berater? Fühlen sich die Eltern in der Schule an die eigene Schulzeit erinnert und gehen in die Schülerrolle?

- Welche Sprache sprechen Sie? Können Sie Ihre akademische Sprache ablegen und in die Sprache der Eltern wechseln?

- Haben Sie von den Eltern die Privatnummer oder nur eine Dienstnummer? Was geben Sie raus?

- Wie hoch ist Ihr Redeanteil?

- Wie lange hören Sie zu?

- Wann rufen Sie die Eltern an? Regelmäßig oder nur wenn es wieder einmal Probleme mit dem Kind gibt? Haben Sic die Eltern, weil Sie nur bei Problemen anrufen, schon negativ abgespeichert?

- Was gibt es als kollektive Elternabende? Nur den langweiligen Elternabend in der Schule? Oder haben Sie auch schon mal einen Stammtisch z.B. alle drei Monate abends in einer Kneipe ausprobiert?

Zum Schluss möchte ich noch darauf aufmerksam machen, dass es ganz wenige Eltern oder einzelne Elternteile gibt, mit denen eine Zusammenarbeit trotzdem nicht möglich ist.

Wenn sich

- Eltern massiv weigern, mit der Schule zusammenzuarbeiten,

- eine Vielzahl von Versuchen eine positive Elternarbeit aufzubauen, gescheitert sind,

- die Eltern vielmehr gegen die Schule arbeiten und

- dies das Wohl und die Förderung des Kindes gefährdet,

dann kann es notwendig sein, das Kind in bestimmten Angelegenheiten stark gegen die Eltern zu machen. Dies darf nur erfolgen, wenn ansonsten eine Förderung wegen des Elternwiderstands stark und nachhaltig gefährdet ist. Eine enge Zusammenarbeit mit dem Jugendamt ist in diesem Fall umso wichtiger.

Netzwerkarbeit

TEAM: Toll, ein anderer macht's!

Eine große Weisheit der Dakota-Indianer besagt:

„Wenn du auf einem toten Pferd sitzt und du merkst es, steige ab!"

Warum steigen wir nicht ab? Merken wir nicht, dass wir ein totes Pferd reiten? Oder haben wir Angst zuzugeben, dass etwas im Schulsystem falsch läuft?

In Afrika sagt man:

„Um ein Kind zu erziehen, braucht man ein ganzes Dorf!" Was machen wir? Kinder, von zum Teil alleinerziehenden oder erziehungsunfähigen Eltern schicken wir halbtags in die Schule. Dort unterrichten Lehrer alleine. Alleine hinter einer Klassentür. Wichtig ist, dass sie ihr Unterrichtsfach beherrschen. Nach der Erziehungskompetenz fragt kaum einer. Anschließend schicken wir sie nach Hause, wo sie durch den Computer und den Fernseher Vorbilder sehen, die sie in ihre Entwicklung aufnehmen. Dabei ist es egal, ob es sich um Ballerspiele handelt, oder ob die Geissens beweisen, dass man auch ohne körperliche Gewalt Kinder misshandeln kann.

Und wenn anschließend eines dieser Kinder durchs System fällt, geben wir uns alle gegenseitig die Schuld:

„Die Eltern haben in erster Linie einen Erziehungsauftrag!"

„Es ist falsch, wenn der Staat meint, er könne mit Wegsperren Probleme lösen!"

„Klar, die Ärzte können nur Ritalin verschreiben!"

„Die Lehrer kümmern sich ja gar nicht um die Kinder. Denen geht es nur um das Fach und Quoten, die ins Abitur geführt werden müssen!"

Was für eine Welt haben wir uns mit unserem Individualismus geschaffen?

Eine Welt von Einzelkämpfern.

Dabei können wir nicht alles schaffen. Es ist falsch, die Tür zu schließen und alleine zu erziehen und zu unterrichten. Wir sind keine „eierlegende Wollmilchsau"!

Aber diese Erkenntnis muss sich durchsetzen:

Das Schwierigste an der Teamarbeit ist nicht die mangelnde Bereitschaft zur Zusammenarbeit, sondern die Unfähigkeit, eigene Schwächen zu erkennen und fremde Stärken zuzulassen.

Doch was können wir tun, wenn wir erkannt haben, dass wir vernetzt in Teams arbeiten und kooperativ sein sollen?

Intern können vielleicht folgende Ansätze helfen:

Teamteaching:

Teamteaching bedeutet, dass zwei Lehrer im Team unterrichten. Es bedeutet nicht, dass eine Klasse zwei Klassenlehrer hat, die sich gegenseitig die Türklinke in die Hand geben und vielleicht den Unterricht im Lehrerzimmer gemeinsam planen.

Nein, beim echten Teamteaching sind zwei Lehrer gleichzeitig für den Unterricht verantwortlich und unterrichten gleichzeitig.

Das kann bedeuten:

- einer steht vorne und erklärt an der Tafel und der zweite unterstützt im Klassenraum.

- oder übernimmt eine Stoffdifferenzierung.

- oder der erste übernimmt Verantwortung für das Thema und der zweite für mögliche Unterrichtsstörungen.

- oder einer beobachtet, diagnostiziert, sei es Schüler oder den Unterricht, und berät anschließend seinen Kollegen.

Kollegiale Fallberatung:

Schaffen Sie feste Zeiten für kollegiale Fallberatung. Nutzen Sie die gesamte Kompetenz und Erfahrungsspektrum des Kollegiums für ein Problem, dass Sie bisher selber lösen mussten.

Sonderpädagogen:

Häufig stehen Sonderpädagogen nur in begrenztem Maße zur Verfügung.

Schlecht ist es dann, wenn nicht überlegt wird, wie die Arbeit des Sonderpädagogen sinnvoll genutzt wird. Sie müssen schon selber ansprechen, wo Probleme sind und welche Hilfe Sie benötigen. Soll der Sonderpädagoge das gleiche tun wie ein Regelschullehrer und nur die Lehrer-Schüler-Relation verbessern? Das ist ungenutzte Zeit. Natürlich sind die Schüler nur selten dann auffällig, wenn der Sonderpädagoge vor Ort ist,

um dies auf- oder nachzuarbeiten. Aber vielleicht nutzt man die Zeit sinnvoll für Präventionsmaßnahmen, z.B. Einführung einer Streitschlichter AG,

Erlebnispädagogik zum Aufbau eines positiven Selbstkonzepts, etc.

Schulleitung:

Ein Schulleiter, der sich auf die Verwaltung zurückzieht und die Schüler mit ihren Verhaltensmustern nicht erlebt, kann in Krisenzeiten wenig bis keine effektive Unterstützung leisten. Ein Schulleiter, der pädagogisch unterstützend handlungsfähig sein will, muss bereit sein, einzelne Verwaltungsaufgaben an Kollegen abzugeben, um Zeit für die pädagogische Arbeit zu haben.

Differenzierte interne Aufstellung:

Stellen Sie sich intern differenziert auf. Denn wenn alle das Gleiche tun, z.B. Klassenunterricht, dann scheitern alle am gleichen Problem, weil keiner ein neues Handwerkzeug nutzen kann. Schaffen Sie z.B. ein Hart-Lern-Cafe oder eine Familienklasse (siehe hinteres Kapitel). Ideal ist auch, wenn es ausgebildete Anti-Gewalt-Trainer gibt oder Personen mit Zusatzqualifikationen, z.B. Erlebnispädagogik, tiergestützte Pädagogik, therapeutische Qualifikationen.

Sie haben keinen Schulsozialarbeiter? Es findet sich aber sicherlich ein Lehrer, der die Aufgaben auch übernehmen und entsprechend umsetzen kann.

Peer-Group-Nutzung

Schüler lassen sich oft mehr von anderen Schülern sagen. Vernetzen Sie sich mit den Schülern. Schaffen Sie eine effektive Schülervertretung. Evtl. tagen die Schüler in einem Schülerparlament und schaffen eine Klärung, die Sie früher nur mühsam über eine Ordnungsmaßnahme herstellen konnten.

Ein Schüler benötigt eine Integrationshilfe in der Pause und Sie bekommen diese nicht genehmigt? Wie wäre es mit einer Schülerpatenschaft zum Beispiel durch einen Schüler aus dem Pädagogikkurs?

Bilden Sie Schüler aus: z.B. in Erster-Hilfe, Streitschlichtung, Fußballschiedsrichter. Das entlastet Lehrer in der Pausenaufsicht.

Externe Kooperationen

Die Schüler, die uns häufig Probleme bereiten, bereiten dies oft auch anderen. Aus diesem Grund gibt es häufig ein Interesse verschiedener Gruppen, mit der Schule zusammenzuarbeiten. Nutzen Sie diese Chance.

Gehen Sie auf andere zu und bitten Sie bei Problemen um Hilfe und bieten Sie ihre Unterstützung im Gegenzug in konkreten Fällen an.

Am Besten schafft man mit allen Partnern Ziel- und Kooperationsvereinbarungen. Für die Arbeit mit Schülern mit sozialem und emotionalem Förderbedarf sind folgende Kooperationspartner notwendig:

- Jugendamt
- Jugendtreffs und Jugendheime
- Polizei
- Staatsanwalt, falls vorhanden Jugendstaats-anwalt
- Ordnungsamt
- Suchtberatungsstellen

Unterstützen können auch örtliche Vereine. Der Verein kann auf diesem Weg Nachwuchsmitglieder bekommen und Sie stellen sicher, dass die Schüler ein sinnvolles Freizeitangebot im Schulanschluss haben.

Handlungsebene Schüler

Beziehungsdidaktik

Ich schmeiß dich nicht raus!

Wie eine Inklusion von Schülern mit sozialen und emotionalen Förderbedarf möglich ist.

1. **Einführung**

Als Inklusionsdidaktik eignet sich sehr gut die Beziehungsdidaktik. Aber wie schaffe ich eine Beziehung als Grundlage der Didaktik bei beziehungsschwierigen Schülern?

Einen Schüler zu unterrichten, ihm beim Lernen zu helfen und dabei gleichzeitig etwas über ihn zu lernen, ist ein Prozess, der eine Bereitschaft zur Beziehung zwischen Lehrer und Schüler voraussetzt und gleichzeitig eine Intensivierung der Beziehung bewirkt.

Schulisches Lernen ist immer Beziehungslernen und eine positiv gestaltete Beziehung ist förderlicher als eine Zwangsbeziehung. Aus diesem Grund muss eine nur konfrontative und autoritäre Didaktik weichen, da wir unter Zwang nicht nachhaltig lernen und Stress Lernprozesse behindert.

Viel zu lange galt in der Pädagogik: „Ein grober Klotz bedarf einen groben Keil." Und so ist wohl auch die Liste vom Lehrer Johann Jakob Häberle aus Oberschwaben zu verstehen, der im Jahr 1820 aufschrieb, wie oft und mit welcher Methode er im Laufe seines 51-jährigen Berufslebens geprügelt hat. Alle drei Jahre brauchte der Pädagoge eine neue Bibel, weil sie bei den Schlägen regelmäßig zerfetzte.

Häberles Liste:

911 527 Stockschläge; 124 010 Rutenhiebe; 136 715 Handschmisse; 115 800 Kopfnüsse; 10 989 Linealklapse; 12 763 Schläge mit der Bibel; 10 235 Maulschellen; 7905 Ohrfeigen; 3001 den Sack tragen; 777 auf Erbsen knien lassen; 612 auf Holzscheiten knien lassen.

Sicherlich empfand Häberle dies nicht als ungerecht, sondern als die passende Antwort auf Unterrichtsstörungen und Verhaltensauffällig-keiten.

Die Beziehungsdidaktik weiß um die Vorbildfunktion des Lehrers. Wenn ein Schüler respektvolles Verhalten noch nicht gelernt hat und wir uns ebenso respektlos verhalten, welches Vorbild geben wir?

Es ist die Verantwortung des Lehrers die Grundlagen für dieses gemeinsame Lernen bereitzustellen. Er ist verantwortlich für den Versuch die Beziehung in Gang zu setzten.

2. Gestaltung der Phasen

Doch wie schafft man eine Beziehung zu Schülern, die selten tragfähige Beziehungen erlebt haben und gelernt haben vorsichtig zu sein?

Um eine gute Beziehung aufzubauen, muss ich mein Gegenüber kennenlernen. Häufig haben wir falsche Vorstellungen und Erwartungshaltungen und diese führen dann später dazu, dass Beziehungen scheitern. Grundlegend ist deshalb die gegenseitige Kennenlernphase, in der sich zum einen entscheidet, ob wir wichtig für unser Gegenüber sind und ob wir vertrauenswürdig erscheinen.

2.1 Kennenlernphase

Die Kennenlernphase dient der Abklärung von wesentlichen Fragen:

Wer bist du? Wer bin ich/ sind wir?

Woher kommst du? Woher komme ich / kommen wir?

Wohin willst du? Wohin will ich/ wollen wir?

Welche Hilfe brauchst du?

Wie hilfst du uns?

Diese Kennenlernphase beginnt mit dem Aufnahmegespräch. Viel zu oft machen wir uns ein Bild von jemanden über die Schülerakte. Aber jeder Schüler verdient eine faire Chance, sowie einen Neubeginn und viele Informationen in Schülerakten führen dazu, dass wir Vorurteile haben. Umgekehrt wollen sie sich als Person und auch als Schule vorstellen und wünschen nicht, dass man sie nur vom Hören-sagen kennt und der Schüler sie in eine Schulblade drängt.

Die Kennenlernphase dauert oft Wochen und sollte nicht als ein statisches Element verstanden werden, dass nach dem Aufnahmegespräch beendet ist. Die Kennenlernphase ist für viele Schüler sehr irritierend, viele haben nie erfahren, dass die Schule sich für sie interessiert. Auch, dass die Schule nachfragt und nicht aus der Akte einfach Informationen entnimmt oder blind hineininterpretiert ist für viele ungewöhnlich.

2007 wurde ich Klassenlehrer der Jahrgangsstufe 7. Ich hatte zuvor mein Referendariat beendet und hatte im Anschluss zusammen mit dem Schulsozialarbeiter eine Krisenintervention in der Schule aufgebaut. Die Arbeit in der Krisenintervention war mir so wichtig geworden, dass ich eigentlich nicht mehr als Klassenlehrer arbeiten wollte. Aber da wir einen Lehrermangel hatten, erschien es notwendig, dass ich nun auch eine Klasse übernehme. Da ich nicht wirklich den klassischen Schulunterricht machen wollte, traf ich mit dem Kollegen aus der Parallelklasse eine Vereinbarung. Er bekam alle leistungsstarken Schüler, mit denen er nach den Richtlinien der Hauptschule stark abschlussbezogen arbeiten konnte und ich bekam vermehrt die Schülergruppe, die ein besonders differenziertes Lernangebot brauchte. Ziel war es, neben dem klassischen Schulunterricht, viele Maßnahmen aus der Erlebnispädagogik und der Krisenintervention zu nutzen, um die Schüler zum Lernen zu motivieren.

Die Klasse bestand zunächst aus acht Schülern, die alle bisher keine guten Schulerfahrungen gemacht hatten. Täglich gab es eine Vielzahl von massiven Unterrichtsstörungen: Aggressionen, Wut und Tränen waren an der Tagesordnung. Unterrichtszeiten lagen zunächst täglich bei wenigen Minuten. Die Unterrichtszeit konnte ausgebaut werden durch Malen und „Wir sitzen halbwegs ruhig am Tisch oder wenigstens auf dem Stuhl und hören eine Geschichte die Herr Dohmen vorliest, solange es spannend ist".

Die meisten Schüler zeigten massive externalisierte Störungsbilder, nur Kevin war eigentlich immer ruhig. Kevin arbeitete dafür in der Regel nicht. Er saß entweder den ganzen Tag auf dem Stuhl und schwieg oder er legte den Kopf auf den Tisch. Nur manchmal stand er auf und lachte und erzählte mir lustige Geschichten, die ihm durch den Kopf gingen. In diesen

Zeiten spürte ich, dass Kevin mich mochte, aber arbeiten war einfach nicht sein Ding und deshalb ließ er es und ich konnte zunächst machen was ich wollte.

2.1.1 Wer bist du?

Diese Frage ist oft sehr schwer zu beantworten. Häufig wissen Schüler sie nicht konkret zu beantworten oder wissen nur die negativen und kritischen Punkte. Geben sie dem Schüler Zeit über die Frage nachzudenken, setzen Sie ihn aber nicht unter Druck.

Wenn ein Schüler nur Negatives nennen kann, deuten sie es für ihn um in etwas Positives.

Beispiel: „Ich bin Tom und ich bin von meiner alten Schule geflogen, weil ich jemanden geschlagen habe. Ich habe kein Bock auf Schule und am liebsten möchte ich einfach nur in Ruhe gelassen werden."

„Ok, Tom. Du willst Ruhe und Schule ist gerade nicht so dein Thema, vielleicht auch weil du schon schlechte Erfahrung mit Schule gemacht hast."

Wer bin ich / sind wir?

Wer etwas von anderen erfahren möchte, sollte nicht nur neugierig fragen und aushorchen, sondern er sollte selber etwas bieten. Überzeugend ist es, wenn man nicht nur Positives sagt, sondern auch den Mut hat, etwas Kritisches über sich selbst zu sagen. Diese Offenheit in Bezug auf Schwächen ist für viele Schüler neu. Obwohl die Schüler wissen, dass die Schule nicht perfekt ist, rechnen sie nicht damit, dass die Lehrer dies zu geben würden. Diese Überraschung schafft oft schon ein Stück vertrauen.

Beispiel: Wir sind eine Förderschule. Wir wollen

eigentlich, dass sich bei uns alle wohl fühlen und eine faire Chance bekommen. Eigentlich sind hier die meisten ganz zufrieden, aber wir haben einen schlechten Ruf in der Stadt, an dem müssen wir noch arbeiten.

Für die Schüler war meine Erscheinung häufig schwer einzuschätzen. Zum einen hatte ich lange Haare zum Zopf gebunden und zum anderen machte ich katholischen Religionsunterricht. Beides damals absolute Außenseiterthemen. Durch das laute Radio morgens in meinem Auto wussten die Schüler, dass ich Punkmusik hörte. Punks gab es an der Schule jedoch nicht. Somit war klar, ich bin ein langhaariger Hippie, der „Zeckenmusik" mag.

Es geht in diesem Anfangsstadium nicht darum, besonders viele Gemeinsamkeiten zu finden oder auf die Unterschiede hinzuweisen bzw. sie zu verstecken. Es geht nur um eine ehrliche Statusbestimmung. Es wird Klarheit darüber geschaffen, wer wo steht. „Den Schüler dort abholen, wo er steht", ist ein in der Pädagogik weit verbreiteter Begriff. Doch viel zu oft gibt es nur Vermutungen, wo ein Schüler steht, so dass es schwer wird, ihn abzuholen.

2.1.2 Woher kommst du? (Frage nach dem Ursprung seiner Werte)

Die Frage woher ein Schüler kommt, ist für ihn schwer zu verstehen. Häufig verstehen sie die Frage besser, wenn ein Umweg eingeschlagen wird.

Beispiel: Ich habe die Aufnäher auf deiner Tasche gesehen und deine Piercings natürlich auch. Darf ich fragen, hörst du Punk-Musik? Oder aus welcher Richtung kommt deine Einstellung?

Woher komme ich / woher kommen wir?

Oft denken Schüler alle Schulen seien in ihrer Einstellung gleich, da alles über die Schulaufsicht oder das Ministerium geregelt wird.

Beispiel: Uns gibt es erst seit zwanzig Jahren. Viele Kollegen sind relativ jung. Wir haben erst vor einiger Zeit unser Leitbild überarbeitet und uns ist die Mitgestaltung durch die Schüler wichtig.

Die Gegenwart ist durch die Vergangenheit besser zu verstehen. Stehen wir auf der Straße zwischen zwei Orten, weiß niemand woher wir kommen und wohin wir gehen. Es macht aber einen Unterschied ob wir in einer Hin- oder Wegbewegung sind. Die Erkenntnis woher jemand kommt, verrät oft viel über mögliche innere Motive und Ziele.

Kevin hatte bislang eine eher schlechte Schulentwicklung gemacht. Er bekam zunächst sonderpädagogische Förderung an der Regelschule, wechselte aber aufgrund anhaltender Probleme zur Förderschule. Bei mir war er dann auch noch in der gefühlten „Loosertruppe".

Natürlich versuchte ich immer wieder Kevin zu motivieren, doch zu arbeiten. Aber er zeigte nicht einmal eine Minimalanstrengung.

Nach kurzer Zeit kippte das Verhalten von Kevin. Scheinbar setzte ich ihn unter Druck und machte ihm das Leben schwer.

Ich bin damals zunächst nicht auf die Idee gekommen, dass Kevins Verhalten eine Funktion hatte, sondern dachte mir, er ist ein „fauler Hund". Meine unpädagogischen und nicht wertschätzenden Gedanken hat er sicherlich gespürt und reagierte darauf, indem er meine Schwachstelle nutzte: „Heil Hitler", „Sieg Heil", „ihr seid alles Juden" und ähnliche Rufe wie auch den Hitlergruß machte er oft über Stunden. Alle Maßnahmen dies zu beenden brachten zunächst nichts, dass einzige was half, war ihm vom laufenden Unterricht auszuschließen. Dann ging er bereitwillig.

2.1.3 Wohin willst du?

Diese Frage ist ebenfalls für Schüler oft unerwartet. Sie denken, wichtig sei, wohin der Lehrer sie führen möchte. Eine sinnvolle Einleitung für die Frage ist:

Wenn du 24 Jahre bist, dann ist die Schule lange vorbei. Was willst du dann erreicht haben. Wie willst du dann leben? Was sind deine Ziele?

Wohin will ich / wollen wir?

Erzählen Sie von den Zielen der Schule (Schulentwicklung) oder den Wünschen, die Sie als Lehrer haben.

Beispiel: Ich würde gerne meine Klasse bis ins zehnte Schuljahr führen. Mir ist wichtig, dass alle, die einen Abschluss wollen, von mir gut vorbereitet werden. Ich freue mich am Ende auf eine gemeinsame Abschlussfahrt.

Im Vordergrund steht die Akzeptanz der Ziele. Natürlich kann man sich über die Ziele beraten und vielleicht einen gemeinsamen Nenner finden, jedoch ist es wichtig, dass kein Überreden oder keine Fremdbestimmung passiert. Jede Person hat eine freie Meinung. Es liegt in ihrer Freiheit sich Ziele zu setzen. Können wir bei einem Ziel nicht mitgehen, so müssen wir, nachdem wir Alternativangebote gemacht haben, dies akzeptieren. Jeder Mensch hat das Recht auf seinen eigenen Weg und sein eigenes Glück. Jeder Mensch hat aber auch das Recht sich selber unglücklich zu machen.

Mit der Zeit wurde Kevins Verhalten immer schwieriger: entweder er machte nichts und schlief mit dem Kopf auf dem Tisch ein oder brüllte wilde Parolen. Nach kurzer Zeit meinte er: „Dann schmeißen sie mich doch raus, dann haben Sie ihre Ruhe!"

Erst jetzt begriff ich, dass Kevin das Verhalten nur zeigte, um den Unterricht mit Erlaubnis verlassen zu dürfen.

Als mir das klar wurde, wusste ich zwar, was ich nicht mehr tun durfte, aber mir fehlte die Idee, was ich machen konnte, um die Klasse vor Parolen zu schützen.

Es war reiner Zufall, dass ich mich, nachdem nichts Logisches mehr half, für eine absurde Intervention entschied:

Immer wenn Kevin schrie, machte ich nun eine theatralische Inszenierung daraus, indem ich ihn umarmte und drückte und erklärte, wie lieb ich ihn hätte, bzw. dass ich alles tun würde, um seine Aufmerksamkeit zu befriedigen. Dabei setzte ich mich auf seinem Schoß und streichelte mit theatralischer Geste seinen Kopf. Die Klasse lachte und Kevin hörte erst einmal auf. Er war zwar sehr irritiert, aber gleichzeitig merkte ich, dass ihm dieses Theater gefiel. Aus diesem Grund kam das Theaterstück mehrfach am Tag. Wirklich zum Arbeiten brachte ich Kevin zwar immer noch nicht. Aber er war in der Klasse.

2.1.4 Welche Hilfe brauchst du?

Stellen sie sich auf vollkommene Irritation ein. Diese Frage ist für Schüler Neuland! („Wenn der Lehrer nicht weiß, welche Hilfe ich brauche, woher soll ich das wissen?")

Beispiel: Du hast eben von deinen Zielen erzählt, was musst du dafür können und wie können wir dir helfen, dass du deine Ziele erreichst?

Ich habe oft erlebt, dass ein Schüler meinte, er bräuchte keine Hilfe, er sei alleine stark. Ich habe mir dann erlaubt ihm ehrlich zu sagen: „Ich hoffe du hast Recht. Ich wünsche dir ganz viel Glück und Kraft, so dass du dein Ziel erreichst und glücklich wirst. Wenn du doch einmal etwas brauchst, ich bin immer für dich da."

2.1.5 Wie hilfst du uns?

Diese Frage kann zwei Ebenen haben:

Wie hilfst du uns, dass wir dir helfen können, dein Ziel zu erreichen? (eigene Schwächen erkennen, um Hilfe bitten, Hilfe annehmen, etc.) oder

wie hilfst du uns, damit wir unser Ziel erreichen können?

Viele beziehungsschwierige Menschen sind es nicht gewohnt etwas geschenkt zu bekommen. Aus diesem Grund ist diese Frage oft eine Brücke, die dankbar angenommen wird. Die Schüler können etwas zurück zugeben. So haben sie nicht das Gefühl, sie seien lediglich Bittsteller.

2.2 Vertrauensaufbauphase

Parallel zur Kennenlernphase fängt die Vertrauensaufbauphase an. Doch was ist notwendig um Vertrauen aufzubauen? Nachfolgend möchte ich auf wesentliche Eigenschaften hinweisen:

Transparenz

Vertrauen braucht immer wieder Bestätigung. Fehlt diese Bestätigung kann schnell die Angst entstehen, dass wir der falschen Person vertrauen. Um blindes Vertrauen zu erlangen, bedarf es der jahrelangen Saat von Transparenz und Offenheit.

Mir war klar, dass Kevin den Inhalt dieses absurden Theaterstücks überprüfen würde. Er würde testen, ob ich ihn mag und ob ich mich für ihn einsetzen würde. Ich rechnete damit, dass er sein Verhalten steigern würde und dass ich dann Probleme bekäme, wenn ich ihm dann nicht vom laufenden Unterricht ausschließen würde. Dies wäre aber genau die Falle gewesen, in die ich nicht tappen durfte.

Aus diesem Grund erklärte ich Kevins Verhalten in der Lehrerkonferenz und bekam die Erlaubnis, dass Kevin nicht gehen musste, egal welchen Blödsinn er anstelle. Natürlich weiß ich nicht, ob es letztlich dabei geblieben wäre, aber ich hatte zunächst nun einmal Zeit.

Zuverlässigkeit / Einsatzbereitschaft / Schutz

Kann man sich auf Sie verlassen? Sind sie auch in schwierigen Zeiten zuverlässig? Setzen Sie sich für mich ein, auch wenn es schwierig wird? Beziehungsschwierige Schüler werden Sie auf diese Fragen hin testen.

Schon bald zeigte sich, dass ich das richtige Gespür

hatte. Natürlich machte Kevin weiter und seine Ausraster wurden heftiger. Aber Kevin wurde nicht mehr nach Hause geschickt, stattdessen bekam er theatralisch inszenierte körperliche Aufmerksamkeit. Irgendwann war es Kevin zu viel und er verließ türeknallend den Klassenraum.

Ich dachte mir, dass ich nicht zulassen kann, dass er nun selbst entscheidet zu gehen, obwohl ich ihn nicht mehr schickte.

Da die Zusammenarbeit mit der Mutter sehr gut war, entschied ich mich Kevin nach Schulschluss abzuholen und ihn die Aufgaben nacharbeiten zu lassen.

Kevin tobte, zuerst bei sich zuhause, dann im Auto und anschließend natürlich im Klassenraum. Aber nach zwei Stunden hatte er sich beruhigt und zeigte, dass er gut arbeiten konnte.

Ich ging davon aus, dass ich nun gewonnen hätte. Aber falsch gedacht!

Am nächsten Tag haute Kevin wieder ab. Ich wollte ihn nachmittags holen, doch er rechnete natürlich schon mit meinem Kommen. So rannte er die Treppe hoch, stieg aus einem Fenster auf die Garage, dann an einem Blumengitter hoch aufs Dach. Er saß oben auf dem Fürstbalken. Ich tat es ihm gleich, Treppe hoch, aus dem Fenster von der Garage über das Blumengitter hoch aufs Dach. Oben angekommen staunte Kevin und wusste nicht weiter. Ich holte das Mathebuch raus und sagte: „Seite 34, Aufgabe 2, da bist du stehen geblieben." Kevin und ich saßen auf dem Dach und machten Matheunterricht.

Am nächsten Tag erzählte ich die Geschichte allen Schülern und Lehrern. Kevin war das so peinlich, dass er meinte: „Ich haue nie mehr ab. Alle lachen über mich, weil mein Lehrer mir zu Hause auf dem Dach rechnen beibringt."

Vertraulichkeit:

Nichts macht Vertrauen so aus wie die Vertraulichkeit. Doch Vertraulichkeit leidet oft in Schulen. Vertraulichkeit bedeutet, dass jemand Informationen für sich behalten kann und diese Informationen schützt. Welche Geheimnisse darf ein Schüler aber in der Schule beim Lehrer haben, ohne dass sie in die Akte geschrieben werden oder die Kollegen darüber informiert werden müssen?

Häufig ist es eine Gradwanderung, was wir mit Informationen machen. Aber das ist der Sinn von Vertraulichkeit. Wäre es kein Geheimnis, würde der Schüler sich keine Vertraulichkeit wünschen.

Wachstum

Vertrauen muss wachsen wie eine Pflanze. Es nutzt nichts, wenn wir an einer Pflanze ziehen, damit sie schneller wächst. Vertrauen wächst ebenfalls langsam und das Stellen von neugierigen Fragen hilft nicht das Vertrauen aufzubauen.

Lernen sie sich in Geduld!

Warten sie!

Wenn sie noch kein Vertrauen bekommen, dann benötigt es noch Zeit!

Und sie bekommen es noch weniger, wenn sie es einfordern!

Ehrlichkeit / Authentisch sein

„Wer einmal lügt, dem glaubt man nicht, und wenn er auch die Wahrheit spricht." Besonders beziehungsschwierige Menschen werden genau überprüfen, ob Ihr Handeln und Sprechen übereinpasst. Bedenken Sie: Auch die Art und Weise wie sie auftreten kann authentisch bzw. unehrlich sein.

2.3 Vertrauensphase

Die Vertrauensaufbauphase geht über in die Vertrauensphase. Wesentlich ist aber, dass die Kennenlernphase positiv abgeschlossen ist. Die Kennenlernphase schafft die Rollenklarheit, die das Merkmal der Vertrauensphase ist. Die Vertrauensphase bildet dann die Grundlage für die Alltagsgestaltungsphase.

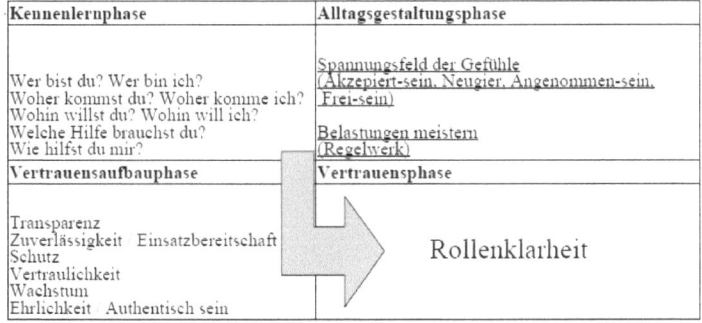

2.4 Alltagsgestaltungsphase

Beziehungen leben von unseren Handlungen. Entscheidende Fragen hierbei sind:

- Bleiben wir auf Dauer interessant und wichtig?
- Wie gehen wir mit Konflikten um?
- Wie setze ich deutlich die erforderlichen Grenzen, sodass Schüler sie eindeutig verstehen und ernst nehmen?
- Wie mache ich Regeln zum Regelwerk?
- Welche Grenzen sind wichtig und müssen gesetzt werden, und welche sind frustrierend, weil zum Lernen notwendiger Freiraum eingeschränkt wird?

Zusammenfassend kann man fragen: Wie können Beziehungen gepflegt und Störungen gemeistert werden?

Um diese Frage zu beantworten müssen beziehungsrelevante Lerninhalte geschaffen werden. In diesen Lerninhalten müssen bestimmte Gefühle spürbar und erlebbar werden.

Folgende Gefühle sind dabei besonders wichtig:

- Akzeptiert-sein
- Neugier
- Angenommen-sein
- Frei-sein

2.4.1 Spannungsfeld der Gefühle

Die oben genannten Gefühle machen immer wieder das Spannungsfeld zwischen Nähe und Distanz deutlich.

In einer guten Beziehung ist der Wechsel von Nähe und Distanz aufeinander abgestimmt. Jeder Mensch benötigt seine Freiheiten und somit Zeiten der Distanz und gleichzeitig das soziale eingebunden-sein in einer Gruppe.

<u>Akzeptiert-sein</u>

Zwar wurde zu Beginn eine klare Rollenklarheit erzeugt, trotzdem wird im Anschluss viel zu oft versucht, manipulativ und ohne Einverständnis der Person, diese zu ändern. Dies zerstört spätestens dann das Vertrauen, sobald es bemerkt wird. Wesentlich ist die Wertschätzung der Andersartigkeit. Der Schüler darf Schüler sein, das Kind darf Kind sein. Und wir müssen zum Glück nicht erwarten, dass es so handelt, wie ein Erwachsener. Dies birgt die Chance, dass sie es irgendwann besser machen, als wir heute.

Kevin war nach dem Vorfall auf dem Dach bemüht seine Leistungen zu steigern. Er verweigerte weniger, jedoch berichtete er seltener von lustigen Gedanken. Seine Gedanken wurden düsterer und er redete vermehrt von Tod und Sterben. Ich führte mit ihm viele Gespräche und hatte das Gefühl, dass er depressiv wurde. Irgendwann bekam er einen Ausraster. Der Grund hierfür war mir zunächst nicht klar. Er bedrohte einen Mitschüler mit einer Schere und schrie und tobte im Klassenzimmer. Ich beendete daraufhin den Unterricht für die Klasse und hielt Kevin alleine in der Klasse. Mein Ziel war es, ihn solange in der Schule zu halten, bis er sich beruhigt hatte. Um 16 Uhr erzählte

Kevin, warum er nicht mehr Leben wollte.

Kevins Eltern hatten sich in seiner frühen Kindheit getrennt. Seine Mutter hatte inzwischen einen neuen Lebensgefährten, den Kevin ablehnte und zu seinem Vater hatte er kaum Kontakt, da dieser sich nicht für ihn interessierte.

Kevin glaubte, dass seine Geburt den Konflikt zwischen seinen Eltern ausgelöst hatte und er der Grund für die Trennung sei. Sein Tod könnte seiner Ansicht nach dazu führen, dass seine Eltern wieder zusammen kommen.

Neugier
Es ist wichtig interessant zu bleiben. Dieses Interesse steigert unseren Wert beim Gegenüber. Es entsteht dadurch, dass wir anders und nicht immer erreichbar sind. Wir sollten deshalb etwas dafür tun, dass wir nicht langweilig werden. Zu große Vorhersehbarkeit erzeugt Langeweile.

Angenommen-sein

Jeder Mensch wünscht Beachtung und Zuwendung. Sind wir immer ablehnend und fordern nur Freiheit, so entsteht schnell Frust beim Gegenüber. Diese Aufmerksamkeit ist wichtig und für sie sollten feste Zeiten vereinbart sein.

Frei-sein

Das Gefühl der Freiheit ist mit dem Gefühl des Angenommen-seins verbunden. Wir sind erst angenommen, wenn wir, so wie wir sind, auch sein dürfen und meistens kommen wir auch nur deshalb wieder zurück.

Ich versprach Kevin zunächst einmal nichts zu tun. Er

könne alleine entscheiden, ich würde ihn nur beraten und er würde die ganze Zeit die Kontrolle behalten. Ab diesem Zeitpunkt führten wir täglich Gespräche und vieles schien sich zu verbessern. Leider war Kevin zunächst nicht bereit, weitere Hilfen anzunehmen und ich durfte auch niemanden darüber informieren.

Dieses Zugeständnis war notwendig und richtig, doch es fiel mir schwer, zunächst nicht zu handeln.

2.4.2 Belastungen meistern

Egal wie gut eine Beziehung aufgebaut ist, es wird immer wieder zu Belastungen kommen. Diese Belastungen dienen auch dazu, die Beziehung zu testen und bei Bestand anschließend zu festigen.

Irgendwann wurde alles für Kevin sehr deutlich. Er fühlte sich ungeliebt und fühlte sich schuldig für die Trennung seiner Eltern. Er wurde so zornig, dass er vor Wut den Klassenraum zerstörte.

Wieder einmal schickte ich alle Mitschüler nach Hause und schloss mich zu Kevins Schutz mit ihm ein. Doch Kevin wollte die Klasse verlassen, da ich es ihm nicht erlaubte, rief er die Polizei.

Als die Polizei eintraf saß Kevin zusammengekauert in der Ecke. Der Klassenraum war verwüstet. Ich hatte damals Glück, dass Kevins Mutter mir sofort im Beisein der Polizei ihr volles Vertrauen aussprach, sodass die Polizei mir glaubte, dass ich Kevin und mich zu seinem eigenen Schutz eingeschlossen hatte.

Da klar ist, dass Belastungen immer auftreten, ist es wichtig sich im Vorfeld darauf vorzubereiten.

Wesentliche Faktoren hierfür sind ein Regelwerk und eine faire Grundhaltung.

In einem Regelwerk schafft man gemeinsam sinnvolle und allen bekannte Regeln, zu deren Einhaltung sich alle verpflichten. Die Einhaltung der Regeln wird überprüft, dabei ist es wichtig, regelkonformes Verhalten zu belohnen und regelwidrigem Verhalten nachzugehen bzw. darauf zu reagieren. Ein gutes Regelwerk hat eine faire Grundhaltung verinnerlicht.

Nach der letzten Aktion war Kevin bereit, dass ich sein Geheimnis seiner Mutter erzählen durfte. Kevins Mutter weinte. Es schien sich alles wie einzelne Puzzleteile zusammen zusetzen und sie konnte ihrem Sohn die Angst nehmen. Kevin baute anschließend einen vorsichtigen Kontakt zum Vater auf und seine schulischen Probleme reduzierten sich.

Im zweiten Halbjahr der Klasse 8 konnte ich die Klasse abgeben und zurück in die Krisenintervention wechseln. Viele meiner Schüler haben mir das nie wirklich verziehen.

2012 kam Kevin, der inzwischen regulär die Schule beendet hatte, noch einmal zur Schule und erzählte, wie gut es ihm mittlerweile ginge. Irgendwann sagte er: „Danke, dass Sie mich nie von der Schule geschmissen haben!"

Classroommanagement

Guter Unterricht ist machbar!

Dass guter Unterricht machbar ist, weiß jeder. Aber da ich als Lehrer oft gefühlsmäßig an der Wand stand, ist es wichtig zu wissen, was ich bei der Planung beachten muss, damit der Unterricht nicht nur zufällig gelingt.

Guter Unterricht ist nicht nur gut für den Lernerfolg und die Motivation der Schüler, sondern er ist auch eine gute Stress- und Burn-Out-Prophylaxe für Lehrer. Da es in Deutschland mehr Krankenhausbetten für psychische Erkrankungen gibt, als es weltweit zusammen gibt und Lehrer die größte Berufsgruppe beim Füllen genau dieser Betten stellen, ist es sinnvoll über guten Unterricht nachzudenken.

Was guten Unterricht ausmacht, ist im Classroommanagement beschrieben.

Aus dem Classroommanagement sind folgende Kriterien für guten Unterricht bekannt.

- Allgegenwärtigkeit und Gleichzeitigkeit
- Unterrichtsfluss aufrecht halten
- Breite Aktivierung
- Nutzung von Regeln

Doch wie können diese Kriterien mit Inhalt gefüllt werden.

Die einfachste Methode wie ich im Unterricht den Aktions- und Aufmerksamkeitsbereich vergrößere, ist, dass ich meinen Platz vorne vor der Tafel verlasse und mich frei im Raum bewege. Nach kurzer Zeit kenne ich meine „Pappenheimer" und weiß, selbst wenn ich ihnen den Rücken zu drehe, wann ich wo hin hören muss, um mehr mitzubekommen. Nach kurzer Zeit wissen die Schüler, dass ich auch „Augen im Hinterkopf habe".

Schwieriger ist es den Unterrichtsfluss aufrecht zu halten. Dafür muss erst einmal ein riesiges Missverständnis aufgeklärt werden.

Es ist falsch, dass Störungen Vorrang haben.

Richtig ist: Störungen wollen sich den Vorrang nehmen. Wie ich mit dieser Tatsache umgehe, ist natürlich meine Angelegenheit.

Ich kann Störungen sofort

- innerhalb oder außerhalb der Gruppe klären oder klären lassen,
- kann die Klärung auf einen späteren Zeitpunkt vertagen oder
- ignorieren.

Das Ignorieren ist insbesondere bei minimalen Störungen sinnvoll (Fallen eines Radiergummis), wenn das Ansprechen der Störung den Unterricht unnötig weiter verzögern würde.

Falls ich auf die Störung reagieren möchte, sollte ich das frühzeitig tun und nicht erst dann, wenn sich schon viele Schüler an der Störung beteiligen. Zum frühen Zeitpunkt können auch nonverbale Ermahnungen (Blick, beschwichtigende Handbewegung, Symbolkarten) genutzt werden, denn nonverbal störe ich meinen eigenen Unterricht weniger.

Nachdem nun Störungen frühzeitig erkannt und ggf. beseitigt werden können, ist es nun wichtig mit einer breiten Aktivierung sicherzustellen, dass sich möglichst viele Schüler am Unterricht beteiligen. Dafür hier ein paar Tipps:

- Geben sie den Schülern nach einer Frage mehr Zeit zum Überlegen, so dass sich nicht immer nur die gleichen melden können.
- Hören sie sich mehrere Antworten an, bevor sie die Lösung nennen oder machen sie eine Meinungsbild durch Abstimmung von möglichen Lösungsvorschlägen.
- **Selbstverständlich ist, dass ein Unterricht der viele Schüler interessiert auch mehr Schüler zur Mitarbeit bewegt. Erklären Sie die Relevanz des Themas, nennen Sie Praxisbeispiele, versuchen sie verschiedene Lernkanäle anzusprechen etc.**

Für mich persönlich sind aber zur breiten Aktivierung die sogenannten drei salutogenen (gesundheitsfördernden) Faktoren besonders wichtig:

- Ich weiß was hier passiert!
- Ich finde gut, was hier passiert!
- Ich besitze die Möglichkeit zur Mitgestaltung!

Bleibt nur noch die Frage, wie nutze ich Regeln sinnvoll?

Einzelne Menschen halten Regeln nur dann ein, wenn sich viele an die Regeln halten. Es ist eine altbekannte Tatsache, dass nicht beseitigte Sachbeschädigungen oder Verschmutzungen dazu führen, dass sich viele nicht mehr an Sauberkeitsregeln halten.

Doch es ist nicht die einzelne Regel die hilft, sondern es ist das Regelwerk. Ein Regelwerk beinhaltet

- Sinnvolle Regeln, in einem überschaubaren Umfang.
- Alle Regeln sind allen Beteiligten transparent.
- Es ist sinnvoll, wenn die Regeln positiv formuliert werden.
- Allen Beteiligten sollten die Folgen bei Regelverstößen bekannt sein.
- Um Regeln konsequent durchzusetzen ist es natürlich wichtig, die Einhaltung der Regeln zu überprüfen.
  - Nicht nur Regelmissachtungen sollten unmittelbar mit den bekannten Konsequenzen geahndet werden, sondern auch
  - die Regelachtung sollte positiv verstärkt werden.

Streitschlichtung

Vom Waffenstillstand, Frieden und der Friedenspfeife

Nachdem Jan auf Philipp einprügelte, muss nun der Konflikt geklärt werden.

Diese Klärung ist ein wichtiger Prozess.

Es reicht nicht, dass ein Lehrer mit seiner Autorität eingreift, beiden Schülern oder nur dem Haupttäter eine Standpauke hält und Sanktionen setzt. Dies scheint zwar oft vordergründig auszureichen, da die Kontrahenten meist schlau genug sind, sich zur Entschuldigung die Hand zu reichen und große Versprechen abzugeben. Sie wissen schließlich was der Lehrer von ihnen erwartet. Erfahrungsgemäß hält ein solcher Waffenstillstand genau so lange, wie der Lehrer braucht um außer Sicht- bzw. Handlungsweite zu kommen.

Sollen die Schüler lernen gewaltfrei Konflikte zu klären, dann ist es notwendig, dass Lehrer mehr als nur einen autoritär gesetzten Waffenstillstand erreichen.

Für die Konfliktklärung orientiere ich mich am Bensberger Streitschlichtungsmodell. Ich nehme die formale Ausgestaltung dabei aber nicht so genau.

Die Streitschlichtung beginnt damit, dass ich Jan und Philipp die Spielregeln für die Streitschlichtung erkläre.

Spielregeln:

- Die Bereitschaft den Konflikt zu klären

- Die Bereitschaft mich als Moderator zu akzeptieren
- Während der Konfliktklärung sind Beleidigungen streng verboten
- Ich stelle jedem Schüler nacheinander die gleichen Fragen
- Jeder Schüler antwortet nur auf die gestellten Fragen und redet nicht über andere Themen
- Jeder Schüler bekommt die Möglichkeit, die Situation aus seiner Sicht zu schildern
- Jeder ist verpflichtet zu zuhören

Nachdem Jan und Philipp die Spielregeln akzeptieren, beginnt die Klärung. Wären Beide oder nur Jan oder Philipp nicht zur Klärung und Einhaltung der Regeln bereit gewesen, hätte ich nur autoritär einen Waffenstillstand zur Herstellung des Schulfriedens herstellen können. Dies ist aber zum Glück nur sehr selten der Fall.

Im nächsten Schritt lasse ich mir den Konflikt von beiden Parteien schildern.

- **Schilderung des Konflikts**

Philipp, was ist aus deiner Sicht passiert? (Jan hört zu)

> *„Ich habe mit Kevin in der Pause gespielt. Dann kam Jan und nahm uns den Ball ab. Als ich mir den Ball zurückholen wollte, schubste er mich weg. Da ich mir das nicht gefallen ließ, prügelte er auf mich ein."*

Jan, was ist aus deiner Sicht passiert? (Philipp hört zu)

"Kevin und Jan spielten Fußball. Ich wollte mitspielen. Aber Jan sagte direkt, dass ich verschwinden soll. Dann habe ich mir den Ball einfach genommen und mitgespielt. Jan wollte mir dann den Ball abnehmen. Ich habe ihn weggeschubst, damit er mich i n Ruhe lässt. Daraufhin hat er mich als Hurensohn beleidigt und ich habe ihn geschlagen."

Anschließend fasse ich nochmal alles zusammen. Falls Widersprüche auftreten, stelle ich die Widersprüche dar, bewerte sie aber nicht.

Nach der Schilderung des Konflikts befrage ich Beide, was die jeweiligen eigenen Konfliktanteile seien. (Ich lasse nun Jan zuerst erzählen. Ich wechsele nach jedem Durchgang, die Sprechreihenfolge, so dass Jan, wie auch Philipp, das Gefühl haben, gleichbehandelt zu werden.

- **Schilderung der Konfliktanteile**

Jan, was sind deine Konfliktanteile?

"Ich habe ihn nicht mitspielen lassen. Aber ich wollte mit Kevin alleine sein und dann habe ich ihn beleidigt."

(Ich greife als Moderator nicht ein, obwohl ich nach Jans Begründung für sein Fehlverhalten nicht gefragt hatte. Die Behebung kleinerer Fehler führt zu mehr Störungen)

Philipp was sind deine Konfliktanteile?

"Ich hätte nicht zu schlagen dürfen."

Nachfrage: Ist das der einzige Konfliktanteil?

> *„Ich hätte nicht den Ball wegnehmen dürfen."*

Anschließend fasse ich die Konfliktanteile zusammen.

„Jan, du hast Philipp beleidigt. Philipp, du hast dir einfach den Ball genommen und anschließend zugeschlagen. Habe ich das so richtig zusammengefasst?

Das Benennen der eigenen Konfliktanteile führt dazu, dass die Ebene der gegenseitigen Schuldzuweisungen unterbrochen ist. Nun kann nach echten Handlungsalternativen gesucht werden.

- **Handlungsalternativen suchen**

    Philipp, wie hättest du dich anders verhalten können?

    „Ich hätte mit Kevin weggehen können oder zur Pausenaufsicht gehen und dort sagen können, dass Jan uns immer stört."

    Jan, wie hättest du dich anders verhalten können?

    „Ich hätte weggehen können und auf jeden Fall hätte ich dem Lehrer Bescheid sagen können, als Philipp mich beleidigt hat."

Natürlich ist jeder Kontrahent nur bereit ernsthaft sein Verhalten zu ändern, wenn der Gegner dies nicht als Schwächen deuten kann. Dafür ist es wichtig, dass auch gegenseitige Erwartungen geklärt werden.

- **Erwartungen klären**

    Jan, was erwartest du zukünftig von Philipp?

    „Philipp soll Kevin und mich nicht immer stören. Wir wollen nicht mit ihm spielen!"

    Philipp, was erwartest du zukünftig von Jan?

    „Jan soll mich nie wieder als Hurensohn beleidigen."

Häufig sind die Schüler froh, wenn sie zuvor gehört haben, was von ihnen erwartet wird, denn so ist es viel leichter sich anschließend zu genau diesen Erwartungen bereit zu erklären.

- **Bereitschaften klären**

    Philipp, wozu bist du zukünftig bereit, damit es nicht mehr zu diesem Konflikt kommt?

    „Ich lasse Jan und Kevin in Ruhe und hole mir einen eigenen Ball."

    Jan, wozu bist du zukünftig bereit, damit es nicht mehr zu diesem Konflikt kommt?

    „Ich bezeichne ihn nicht mehr als Hurensohn, aber ich hoffe, er lässt uns auch in Ruhe!"

Die eigentliche Klärung ist nun vollzogen, nun folgt die praktische Umsetzung. Mitunter sind nun noch letzte Wiedergutmachungen oder Entschuldigungen nötig. Die Klärung wird nun entweder per Handschlag besiegelt oder ein schriftlicher Vertrag wird aufgesetzt.

Jan und Philipp versichern mir, dass jetzt eine Lösung gefunden sei und dass sie den Rest selber klären würden und ein schriftlicher Vertrag nicht nötig sei.

Zum Ende des Tages erwische ich beide beim Rauchen auf dem Schulgelände. Wahrscheinlich war das die Friedenspfeife.

Deeskalation

Psyche austricksen, Vertrauen schaffen und die Führung übernehmen: Manipulation für den guten Zweck

Von jetzt auf gleich kann es vorkommen, dass wir in einer Situation einem emotional geladenen Schüler gegenüberstehen und ihn herunterfahren müssen.

Schlecht ist es, wenn man nur aus dem Bauch heraus reagiert und hofft, dass man einer vielleicht „tickenden Bombe nicht nervend auf den Zünder geht".

Meine Strategie habe ich aus einer Technik entwickelt, die ich anwende, wenn ich als Notfallseelsorger die Aufgabe habe, Personen, die sich umbringen wollen vom Suizid abzuhalten.

Im Herunterfahren von aggressiven Schülern hat sie mir schon oft gute Dienste geleistet.

Ein Beispiel:

Ich komme gerade aus dem Lehrerzimmer, als ich sehe, wie Dirk randaliert und auf verschiedene Schüler drohend und um sich schlagend, zugeht.

Der Grund für den Ausraster ist mir natürlich nicht bekannt. Aber angefeuert von wechselnden Provokationen wird Dirk sicherlich gleich aggressiv reagieren.

Ich schlendere betont lässig auf Dirk zu, so als ob ich die ganze Angelegenheit nicht wahrgenommen hätte und kann mich so auch ein Stück selber ruhig halten.

Losbrüllen würde die Situation jetzt verschärfen, denn die wechselnden Provokationen könnte ich durch einen

gezielten Schrei nicht stoppen. Das eignet sich meist nur bei einem Provokateur.

Als ich nah genug an Dirk dran bin, achte ich auf meine eigene Sicherheit, schaue dass Dirk mich sieht und mich nicht versehentlich mit seiner Faust trifft.

In unmittelbarer Nähe spreche ich ihn an und irritiere ihn, indem ich mich mit ihm sprachlich verbünde:

„Ey, lass die Pfeifen! Total feige, aus der Gruppendeckung heraus zu provozieren. Die wollen, dass du erst ausrastest und dann noch Stress bekommst. Lass die Pfeifen und komm mit."

Was habe ich gemacht?

Das war die **Kontaktphase.**

Zunächst achte ich auf meine Eigensicherung. Ich halte Abstand und schaue, dass ich bewusst wahrgenommen werde. Ich versuche Ruhe auszustrahlen und cool zu wirken, damit ich ihn nicht mit meiner Unruhe verunsichere. Die beste Methode hierfür ist meistens, dass man Gleichgültigkeit vorspielt.

Als ich in seiner Nähe bin, versuche ich Vertrauen aufzubauen, indem ich mich scheinbar mit ihm verbünde. Gleichzeitig leite ich mit dem Satzende „… komm mit." Die nächste Phase ein.

Mittlerweile sind Kollegen eingetroffen, die die anfeuernden Provokateure und Schaulustigen entfernen, indem sie die Klassentüren öffnen. Ich konnte mich währenddessen zwischen Dirk und den letzten Provokateur stellen und verbaue Dirk somit die Sicht auf die Stressoren. Nach kurzer Zeit ist er bereit, mir zu folgen. Wir gehen nach draußen und verlassen das Schulgelände.

Reflexion der Abschirmungsphase:

Diese Phase dient dazu, die Stressfaktoren durch Abschirmung zu reduzieren. Am Besten klappt das, indem Schaulustige entfernt werden oder eine Trennung zwischen Stressfaktoren und gestresster Person aufgebaut wird. Sinnvoll ist es, mit der gestressten Person den Ort des Geschehens zu verlassen.

Draußen angekommen ist Dirk noch komplett angespannt. Er zittert, schwitzt und atmet schwer, sein Blick zeigt seine Wut, er geht schnellen Schrittes.

Ich gehe neben ihm her und schaue, dass ich im Gleichschritt mitkomme.

Nach dem ich das einige Zeit gemacht habe, verlangsame ich mein Tempo. Dirk passt sich an.

An einer Baumgruppe bleibe ich stehen und „pinkel" gegen einen Baum.

Dirk macht es mir nach.

(Da ich hier nicht erwähnen darf, dass ich mit Dirk rauchte, sage ich vielmehr:)

Ich lade Dirk anschließend auf einen Burger ein.

Während wir zusammen sitzen, imitiere (spiegel) ich vorsichtig seine Körperhaltung und verändere sie dann langsam, indem ich zunächst meine Hände öffne, bewusst atme (kurz einatmen, Pause, lange ausatmen) die Schultern fallen lasse und mich zurücklehne.

Reflexion der Stressbearbeitungsphase: körperlich

Die Tatsache, dass unser Körper und unsere Psyche nicht zwei Teile (auch wenn dies nicht der christlich-abendländischen Lehre entspricht), sondern untrennbar miteinander verbunden sind, hilft dabei, dass wir über das Körperliche den psychischen Zustand beeinflussen können.

Ich nutze Aspekte des Pacing und Leadings. Das bedeutet, dass ich ein vertrauensvolles Verhältnis (Pacing) herstelle und ihn anschließend dort hin führe, wo es ihm schwer fällt, emotional aufgewühlt zu bleiben.

Ich gehe mit ihm im Gleichschritt. Nachdem ich unbewusst sein Vertrauen habe, verlangsame ich das Tempo.

> Versuchen sie mal, bei Stress gemütlich zu schlendern!

Nach einiger Zeit urinieren wir an einen Baum. Unser Verdauungstrakt ruht bei Stress. Mit dieser Maßnahme suggerieren wir dem Körper: Es ist alles ok.

> Niemand würde pinkeln, wenn er von einem Löwen verfolgt wird. Wenn ich das nun doch tue, wird wohl alles ok sein.

Eine Zigarette zu rauchen schafft sowohl Vertrauen und positive Verbundenheit („Der kann doch nicht mit mir rauchen! Aber er macht es trotzdem! Von dem geht keine Gefahr aus. Das ist mein Verbündeter), denn im eigentlichen Kampfgeschehen wird nicht geraucht. Diese Selbstberuhigungstaktik wenden fast alle Raucher an.

> „Nach dem Stress erstmal eine Kippe, dann weiß der Körper, es ist alles wieder ok!"

Da man im Kampf auch nicht isst oder trinkt, kann man auch stattdessen Essen und Trinken. Wobei dies, durch den nicht verbotenen Charakter weniger Pacing (Vertrauen) erzeugt.

Beim Zusammensitzen nutze ich ebenfalls Pacing und Leading. Ich gehe in seine Haltung und imitiere sie ein wenig, anschließend lenke ich sie sanft um.

    Sie können sich nicht emotional aufregen und gleichzeitig körperlich komplett entspannt sein.

Dirk und ich sitzen mittlerweile auf einer kleinen Mauer. Ich fordere ihn auf, mir genau zu erzählen, was in welcher Reihenfolge passiert ist.

Was hast du gemacht bevor der Stress anfing?

Wo warst du als der Stress anfing?

Wie lief es genau ab? (Details abfragen)

Wie endete es?

Dirk hat zunächst einige Probleme, die Abläufe zeitlich genau zu schildern und sich an den Anfang zu erinnern.

Nachdem Dirk alles erzählt hat, wiederhole ich das Gesagte und benenne auch Gefühle, die ich indirekt bei ihm heraus gehört habe. Ich bleibe dabei aber selber komplett entspannt sitzen.

Nachdem Dirk mir bestätigt hat, dass ich alles richtig verstanden habe, sage ich entspannt und selbstbewusst:

„Ok, dann ist alles klar. Ich kläre das jetzt für dich!"

Reflektion der Stressbearbeitungsphase: kognitiv

Ich fordere Dirk auf, die Abläufe in eine chronologische Reihenfolge zu bringen. Damit zwinge ich ihn, nachzudenken. Man kann nicht fühlen und gleichzeitig denken. Somit wird die Emotion umgewandelt und kann im Kopf verarbeitet werden.

Auch hier nutze ich die Pacing- und Leadingmethode.

Ich höre mir seine Sichtweise an und das schafft bei ihm Vertrauen.

Insbesondere als er merkt, dass ich ihm zugehört habe und alles wiederholen sowie seine Gefühle benennen kann. Ich spiegel zu diesem Zeitpunkt aber nicht seine Gefühle, sondern benenne sie nur. Nachdem ich sein Vertrauen habe, gehe ich sofort über ins Leading, indem ich festlege, dass ich mich nun um die Angelegenheit kümmern werde.

Nachdem ich den Konflikt von Dirk übernommen habe, hat er keinen Stress mehr. Es folgte anschließend nur noch eine klassische Streitschlichtung in der Schule.

Zusammenfassend den Ablauf:

Phasen	Inhalte
1. Kontaktphase	Eigensicherung, Vertrauensaufbau
2. Abschirmung	Stressfaktoren ausklammern oder die Stressfaktoren verlassen.
3. Stressbearbeitung körperlich/emotional	Körperliche Entspannung führt zur psychischen Entspannung. Durch Pacing (vertrauensvolle Maßnahmen) den Schüler dorthin führen (Leading), wo es schwierig ist emotional aufgewühlt zu bleiben.
4. Stressbearbeitung kognitiv	In chronologischer Reihenfolge den Stress erzählen lassen. Dabei aktiv zuhören (Pacing)
5. Stressbearbeitung kollektiv	Nachdem das Vertrauen vorhanden ist, bestimmen, dass man nun die Angelegenheit klärt. (Leading)

Umgang mit Provokationen

Der Umgang mit Provokationen fällt vielen Menschen schwer.

Viele Schüler reagieren auf verbale Provokationen so gereizt, dass es schnell zu handfesten körperlichen Auseinandersetzungen kommt.

In einer Art Coolnesstraining erkläre ich Schülern, wie sie auf viele Provokationen faustlos reagieren können und trotzdem ihr Gesicht wahren, weil sie z.T. schlagfertig reagieren oder auch hart, aber verbal kontern. Die Schüler lernen so durch Handlungsalternativen nicht zum Spielball von Provokateuren zu werden.

Das Hauptproblem ist: Der Provokateur handelt und der Provozierte reagieren. So bestimmt der Provokateur das Spiel.

Die wichtigste Regel zu Provokationen lernte ich in Internetforen:

Never feed a troll!

Oft findet man in Foren Menschen, die bewusst provozieren und sich freuen, wenn auf sie reagiert wird. Die Provokateure heißen hier „Trolle". Und erfahrene User wissen, dass „Trolle" schnell verschwinden, wenn sie ignoriert werden, denn „Trolle" wollen „Reaktionsfutter".

Die Tatsache, dass Provokateure es hassen ignoriert zu werden, gilt aber auch außerhalb des Internets. Nicht ohne Grund sagen wir oft: „Das muss ins linke Ohr reingehen und aus dem rechten Ohr rausgehen!"

Dieses Ignorieren ist aber oftmals schwierig und wenn wir tatsächlich reagieren wollen, wie machen wir das?

Hier folgt nun eine kleine Anleitung, wie es in Zukunft vielleicht besser klappen kann.

Nach einer Provokation ist es wichtig, die Kontrolle zu gewinnen. Dafür brauchen wir eine kurze Pause. Wir schaffen den MoC (Moment of Control).

Den MoC bekomme ich, indem ich

- eine Pause mache
- durchatme und
- müde lächle

Manchmal fällt es nach dem MoC schon viel leichter die Provokation zu ignorieren. Denn der MoC wirkt stressreduzierend.

Falls wir aber doch noch reagieren wollen, ist es dann eher überlegt und weniger affektiv. Das ist wichtig: Denn wenn wir reagieren, können wir verlieren, weil wir den Troll füttern!

Oft nutze ich im Kopf folgenden Strategieablauf. Während des MoCs denke ich kurz nach, wo ich einsteige. Falls ich eine Stufe nicht gut finde, nutze ich die Nächste, damit habe ich nicht das Gefühl überreagiert zu haben.

Stufe 1: MoC anschließend ignorieren (weiter müde lächeln)

Stufe 2: MoC anschließend nonverbale Kurzreaktion (humorvoll deeskalierend):

z.B. Küsschen schicken (nicht den Mittelfinger zeigen)

Stufe 3: MoC, anschließend Fragen stellen!

Beispiel:

„Du siehst heute aber wieder scheiße aus!"

„Echt ist das so? Was gefällt dir nicht!"

Anschließend einfach weiter Fragen stellen. „Warum sagst du: wieder?" „Wieso hast du mir das früher nicht gesagt?" „Ist dir das so wichtig, dass ich gut aussehe? Wieso beschäftigt dich das denn?"

Stelle so viele Fragen, bis der Provokateur müde wird!

Das Prinzip ist, du agierst und er reagiert!

Stufe 4: MoC anschließend Recht geben (und es ehrlich klingen lassen). Der Provokateur ist meist irritiert, denn er will nicht Recht haben. Du nimmst ihm den Wind aus den Segeln. Gut ist auch wenn du ihn lobst, dass er das Problem erkannt hat und ihn zu deinem Vorbild erklärst.

Beispiel:

„Boah, kannst du mal auf den Punkt kommen, hier schläft ja jeder ein!"

„Das stimmt, ich rede wieder viel zu lange. Du machst das immer viel besser, du kommst direkt auf den Punkt. Eigentlich sollte ich das von dir mal lernen. Du bist jetzt mein Vorbild!"

Stufe 5: MoC und anschließend Recht geben (und es ironisch klingen lassen)

Beispiel:

„Boah, kannst du mal auf den Punkt kommen, hier schläft ja jeder ein!"

„Das stimmt, ich rede so lange, bis alle eingeschlafen sind. Die Pharmaindustrie möchte schon Tonbänder mit meinen Vorträgen herausgeben, für Menschen bei denen Schlaftabletten nicht mehr helfen!"

Stufe 6: MoC anschließend verbale Kurzreaktion als Provokation zurück:

Beispiel:

„Du bist ein Streber und machst die Hausaufgaben nur, weil du dich bei den Lehrern einschleimen willst!"

„Hat einer die Null gewählt, dass du dich meldest?" (mit einem humorvollen Unterton ausdrücken!)

Viele Provokateure suchen Opfer, ein kurzer harter Gegenangriff macht mitunter klar: Nicht mit mir! (insbesondere wenn sie dann die Lacher auf ihrer Seite haben)

Stufe 7: MoC und anschließend Standardantwort geben

Oft wünschen wir uns auf Provokationen schlagfertig reagieren zu können, doch meist fällt uns in der Situation nicht der passende Spruch ein. Hilfreich kann es da sein, wenn man Standartantworten (auswendig gelernte, selbsterdachte Sprichwörter) nutzt, ideal sind klug klingende selbstausgedachte Sprichwörter.

Beispiel:

„Vielleicht versuchst du einfach einmal pünktlich zu sein und machst einen interessierten Gesichtsausdruck!"

„Ein jüdisches Sprichwort sagt: Wer einen Ochsen von hinten anbindet, wird einen Bullen wiederfinden!"

Sprichwörter klingen für viele Menschen schlau. (angeblich jüdische Sprichwörter werden von vielen Menschen ungern hinterfragt).

Meist gibt niemand zu, dass er den Sinn nicht verstanden hat (klar, es ist ausgedacht, es hat keinen Sinn) und falls doch mal jemand nachfragt, was es bedeutet, einfach sagen: „Denke mal drüber nach, da kommst du von selber drauf!"

Prinzip: Du antwortest und der Provokateur denkt und hält sich für dumm.

Alternativsprichwort:

„In Äthiopien sagt man: Ein Vogel, der Futter aus dem Schnabel verliert, säht kein Feld!"

Stufe 8: MoC und anschließend mit einer Standardantwort (vorher auswendig gelernt) den Provokateur entlarven:

Beispiel:

„Brot kann schimmeln, was kannst eigentlich du?"

„Wir wollen doch hier nicht über unsere Schwächen reden. Wir wissen doch alle, dass du deine Schwächen nicht öffentlich ausgesprochen hören willst."

Alternativantworten:

- „Ich würde mich gerne mit dir geistig duellieren, aber ich sehe, du bist völlig unbewaffnet."
- „Was stört es der deutschen Eiche, wenn sich die Wildsau an ihr schabt!"

Erlebnispädagogik

Wir vermögen mehr als wir glauben. Wenn wir das erleben, werden wir uns nicht mehr mit weniger zufrieden geben.

In diesem Zitat von Kurt Hahn, dem Begründer der Erlebnispädagogik, steckt auch das Wort „Erlebnis", was das Zentrale Werkzeug der Erlebnispädagogik ausmacht, denn Erlebnis-pädagogik bedeutet, kleine und große Abenteuer zu erleben.

Dabei ist das Gelingen nicht so wichtig wie die herausfordernde Situation. Diese soll mich in meinen Fähigkeiten fordern und fördern und stellt daher ein wichtiges Lernfeld da.

Erlebnis – Pädagogik

erlebte Pädagogik

Erlebnis durch Pädagogik

Pädagogik durch Erlebnis

Die pädagogische Zielsetzung behandelt vor allem die Förderung folgender Kompetenzen:

Sachkompetenz

– Sachgerechter Umgang mit Materialien und Geräten

– Beachtung organisatorischer Rahmenbeding-ungen

– Beachtung und Anwendung von Sicherheits-kriterien

– Richtiges Helfen und Sichern

– Erwerb und Ausbildung motorischer Grund-fertigkeiten

Selbstkompetenz

– Entwicklung von Selbstwahrnehmung (Angst vor Verletzungen, Leistungsdruck, Blamage, Freude, Entspannung,...)

– Selbsteinschätzung und Selbstvertrauen (Angst artikulieren, Angst überwinden, Verhindern von Selbstüberschätzung = „NEIN sagen können", Lösen von Herausforderungen)

– Eigenverantwortliches Entscheiden und Handeln (Berücksichtigung des Leistungsvermögens, Abwägen von Risiken, Differenzierung)

Sozialkompetenz

– kommunikative Kompetenz (zuhören, diskutieren, anerkennen, Rücksicht nehmen, helfen wollen, Verantwortung übernehmen,...)

– Konfliktlösung

– Zusammenarbeit / Teamarbeit (mit dem Partner und in der Gruppe lernen)

Nachhaltigkeit und Lerneffekte

Seit dem Anfang meiner pädagogischen Laufbahn interessierten mich immer sehr kreativ praktische Arbeitsweisen. Noch vor Beginn meines Studiums fing ich mit dem Sportklettern an. Dies machte ich eher unregelmäßig mit einem damaligen Arbeitskollegen. Die Faszination der Heraus-forderung, einerseits mit der Wand an sich, andererseits, das Vertrauen in den Sicherungs-partner, gibt dem Klettern einen besonderen Kick, der auch auf viele andere Bereiche angewendet werden kann.

Während meines Studiums arbeitete ich freiberuflich für verschiedene Träger der Jugendhilfe, unter anderem machte ich so genannte Berufsanfängerseminare, die für Haupt- und Förderschule in der 9. oder 10. Klasse angeboten wurden. In diesen Seminaren ging es hauptsächlich um Bewerbungs- und Einstellungsverfahren, jedoch gab es immer auch den Programmpunkt der Gruppenbildenden Maß-nahmen. Um diesen Punkt zu füllen, kaufte ich mir passende Literatur und fand Gefallen daran, kooperative Übungen mit Gruppen zu machen. Diese Übungen waren von einander losgelöst und so langsam stellte sich mir die Frage, wie nachhaltig diese Übungen seien. Im Rahmen dieser Tätigkeit, gab es eines Tages eine Fortbildung zum Thema "Erlebnispädagogik in der Arbeit der Berufsanfängerseminare", auf die ich mich sehr freute.

Hier hatte ich dann auch mein Schlüsselerlebnis in der Erlebnispädagogik:

Der Referent erklärte zuerst, was Erlebnis-pädagogik sei und knüpfte dann mit einer sehr einfachen Übung an. Er teilte uns in zwei Gruppen ein, dann sollten wir Tauziehen. Im Anschluss an diese Übung trafen wir uns zur Reflexion. Zum Auftakt stellte der Referent folgende Frage: "Geht es euch im Leben manchmal auch so, dass ihr euch hin und her gerissen fühlt, manchmal fallt, verliert und gewinnt, ähnlich wie beim Tauziehen." und eröffnete damit eine Reflexionsrunde. Erst war betretendes Schweigen, was er gewähren ließ. Nach und nach taute einer nach dem anderen auf und erzählte was er mit diesen Fragen und nicht zuletzt auch mit der Übung verbinde. Anschließend wurde darüber geredet, wie man aus diesem Hin und Her herauskommen kann. In folgenden Übungen reflektierten wir weiter, wie die Lernerfahrungen der verschiedenen Übungen auf unser Leben übertragen werden können und wie sie uns weiterhelfen.

An diesem Tag ist mir die Frage der Nachhaltigkeit der Erlebnispädagogikbewusst geworden und das Allerwichtigste:

Die Arbeit mit Metaphern!

Bei der Planung von erlebnispädagogischen Übungen, die im Idealfall als Ketten aus mehreren Übungen bestehend geplant werden, überlege ich mir vorher immer was ich mit diesen Erreichen will, erst dann schaue ich, wie diese Ziele mit den entsprechenden Metaphern erreicht werden können. Die Lerneffekte werden auf die Ebene des praktischen Handelns und sozialer Erfahrungen übertragen. An der Erlebnispädagogik werden Handeln und Lernen als Einheit gesehen:

– In einem bestimmten Augenblick wird gehandelt und die Effekte dieses Handelns werden deutlich

– Die Wirkung in diesem bestimmten Augenblick und die Konsequenzen der Aktion werden verstanden bzw. zielgerichtetes Verhalten in eine bestimmten Situation gelernt.

– Verständnis des generellen Prinzips, unter das die besondere Situation fällt.

– Ist das grundsätzliche Prinzip verstanden, erfolgt seine Anwendung in einer neuen Situation, wobei der/die Ausführende die Wirkung der eigenen Handlung antizipiert.

Methodik

Phase 1: Bereitschaft, Akzeptanz und Vorbe-reitung

In dieser Phase geht es um eine erste Annäherung an die Erlebnispädagogik.

Uns muss bewusst sein, dass wir mit Teilnehmern rechnen müssen, die mit möglicherweise recht unterschiedlichen Motiven und unterschiedlichem Habitus teilnehmen. Es ist in dieser Phase besonders wichtig, den Teilnehmern zunächst ein erstes Vertraut machen mit dem neuen Lernfeld zu ermöglichen und gleichzeitig über diese, für die meisten neuen und unbekannten Situationen, eine erste Abklärung der Motivationslage durchzu-führen. Über diese Sensibilisierung auf psychisch-er, sozialer und physischer Ebene wird schließlich ein Interaktionsrahmen geschaffen, in dem sich die verschiedenen Teilnehmer auch verständigen können.

Phase 2: vorgegebene Situationen lösen, Strategien entwickeln, Gefahren erkennen und einschätzen

Diese Phase ist im Grunde genommen eine Vertiefung der Phase 1. Auf der Grundlage der dort gemachten Erfahrungen lernen die Teilnehmer sich selbst einzuschätzen, sich einzubringen und in/mit einer Gruppe zu arbeiten. Sie sollen verschiedene Motive der anderen Teilnehmer zumindest im Groben erkannt haben. Die Teilnehmer sollen in dieser Phase fähig werden, auf andere Rücksicht zu nehmen, sie mit ihren verschiedenen Vorstellungen zu akzeptieren und auf dieser Grundlage lernen, gemeinsam etwas zu erarbeiten. Ein weiteres wesentliches Augenmerk liegt in dieser Phase auf einem ersten, verantwortungsbewussten Umgang mit Gefahren.

Phase 3: Situationen selber gestalten

In der dritten Phase sollen die Teilnehmer kreativ werden. Sie sollen z.B. versuchen, mit vorgegebenen Materialien bestimmte Situationen aufzubauen, sie zu verändern und Lösungsmöglichkeiten gemeinsam zu finden.

Phase 4: Projekte

In der Projektphase werden die Teilnehmer in vielfältiger Weise gefordert. Sie sollen im Rückgriff auf ihre bisherigen Kenntnisse (z.B. Knotenkunde) große Projekte planen, aufbauen und erleben. Es kommt in dieser Phase nicht nur auf die Kreativität der Einzelnen an, sondern ganz besonders auf das gemeinsame Agieren. Projekte sollen so angelegt werden, dass ausreichend Zeit für ihre Planung und Umsetzung zur Verfügung steht. Hierzu bieten sich vor allem Klassenfahrten an, aber auch Wandertage können hierzu genutzt werden.

Tiergestützte Pädagogik

> Du magst ja schon gut sein, aber dein Hund ist besser!

Warum Tiere positiven Einfluss auf Menschen haben können

Viele Menschen empfinden Tiere in ihrer Nähe als angenehm. Doch woran liegt das? Eine mögliche Erklärung steckt in unserem Lernverhalten:

Menschen und Tiere stehen häufig in gegenseitiger Bindung. Sie können sich gegen-seitig soziale und emotionale Unterstützung bieten. Die Spiegelneuronen (Nervenzellen) in unserem Gehirn sorgen dafür, dass wir nur durch Beobachtung gleiche Reaktionen auslösen, so als würden wir die gesehene Aktionen selbst erleben. Wir können so in Resonanz (gefühlter Einklang/Mitschwingen) durch Beobachtung treten. Fühlt sich das Tier wohl, so kann sich mit dieser Tatsache die Übertragung von positiver Stimmung vom Tier auf den Menschen erklären.

Definition tiergestützte Pädagogik

Unter tiergestützter Interaktion/Pädagogik versteht man alle Maßnahmen, bei denen durch den gezielten Einsatz eines Tieres positive Auswirkungen auf das Erleben und Verhalten von Kindern und Jugendlichen erzielt werden sollen. Das Team „Mensch–Tier" fungiert hierbei als Einheit. Als Elemente werden dabei emotionale Nähe, Wärme und unbedingte Anerkennung durch das Tier angesehen. Zusätzlich werden auch verschiedenste Techniken aus den Bereichen der Kommunikation und Interaktion, der basalen Stimulation und der Lernpsychologie eingesetzt.

Intention/Ziele

Tiergestützte Interaktion/Pädagogik bietet u.a. die Möglichkeit, über das Tier als Vermittler mit dem Schüler in Verbindung zu treten. Das Tier steht dabei nicht im Vordergrund, sondern dient als Mittel bzw. Medium für die angestrebte Kommunikation.

Wichtig dabei ist es, den Kontakt zwischen Tier und Kind/Jugendlichem zu fördern, um dadurch eine gemeinsame grundlegende Basis zu schaffen.

Darüber hinaus werden Tiere häufig bei folgenden Intentionen eingesetzt:

- Verantwortungsfähigkeit,

- Empathiefähigkeit und

- Arbeitsbereitschaft.

Qualitätssicherung

Tiere dürfen aber nicht blindlings eingesetzt werden. Die wichtigsten Faktoren für die Qualitätssicherung sind:

Der Tierpädagoge muss folgende Eigenschaften haben:

- Zeit, sich im Vorfeld mit dem Tier zu beschäftigen

- Die Fähigkeit, Verantwortung für das Tier und den Menschen zu übernehmen

- Die Kompetenz, das Tier und seine Bedürfnisse einzuschätzen und seine Sprache zu verstehen

- Die Kompetenz, die Tiere in stressigen Situationen herauszuholen, bzw. zu entfernen.

Die Schüler müssen folgende Eigenschaften haben:

- Freude am Tier

- keine ansteckenden Krankheiten
- keine auf das Tier bezogene Allergie

Das Tier muss folgende Eigenschaften haben:

- gesund sein
- Freude bei der Arbeit
- menschenbezogen und freundliches Wesen
- aggressionsarm und
- die Möglichkeit zum Rückzug und zur Entspannung.

Grundsätze

Neben der Qualitätssicherung gilt es, die Grundsätze der tiergestützten

Pädagogik zu beachten.

- Weder Mensch noch Tier dürfen zur Interaktion gezwungen werden!

- Bei einer allgemeinen oder speziellen Tierphobie ist der direkte Kontakt zunächst absolut zu vermeiden. Ggf. ist eine vorsichtige Kontaktanbahnung möglich.

- Tiere sind in der tiergestützten Arbeit Selbstzweck. Sie sind keine Pädagogikinstru-mente.

- Das Tier kann jederzeit die Arbeit beenden, sich zurückziehen und sich entspannen

- Der Tierschutz hat oberste Priorität!

- Rivalitäten, Neid und Konkurrenz unter den Menschen wegen des Tieres (Zitat: „Die Katze hat mich lieber als dich!") müssen sofort unterbunden werden.

Beste Kollegen

Falls diese Rahmenbedingungen stimmen, gratuliere

ich Ihnen zu Ihrem Co- Pädagogen. Tiere sind oft die besten Kollegen, denn …

Wenn du den Tag ohne Kaffee beginnen kannst, ohne gereizt zu sein, wenn du immer fröhlich bist und Wehwehchen und Schmerzen ignorieren kannst, wenn du dich nicht beschwerst, oder Leute mit deinen Problemen langweilst, wenn du jeden Tag das Selbe essen kannst und dafür auch noch dankbar bist, wenn du Verständnis dafür hast, dass die Menschen die du liebst, zu beschäftigt sind, um Zeit mit dir zu verbringen, wenn du darüber hinwegschauen kannst, dass Menschen die du liebst, manchmal ohne Grund ihre Aggressionen an dir auslassen, wenn du einen reichen Freund nicht besser als einen armen behandelst, wenn du der Welt ohne Lüge und ohne Täuschung gegenüber stehst, wenn du wahrlich sagen kannst, dass es in deinem Leben keine Vorurteile gegen die verschiedenen Rassen, Farben, Religionen, Weltanschauungen und politischen Meinungen gibt, wenn du bedingungslos lieben kannst, ohne Druck auszuüben oder Erwartungen zu haben, dann, mein Freund, dann bist du fast so gut wie dein Hund.

Konfrontative Pädagogik

Eine Pädagogik die gleichzeitig „In" und bedenklich ist.

Während der ersten Gehversuche beim Unterrichten von Schülern mit sozialem und emotionalem Förderbedarf fiel ich mehr hin, als dass ich lief. Die Erfahrung, dass ich an manchen Tagen ca. fünf bis zehn Minuten unterrichtete und die andere Zeit Störungen beseitigte, führten zu Frust. Rettung versprach die konfrontative Pädagogik.

Sicherlich war die Diagnose, dass meine Schüler gewaltbereite und normverletzende Schüler sind, vorurteilsgeleitet. Aber diese Diagnose versprach, dass ich das richtige Konzept umsetzte. Dabei war es mir egal, dass das Konzept, wissenschaftlich betrachtet kein eigenständiges pädagogisches Konzept und die Sinnhaftigkeit nur vermutet aber nicht erwiesen ist, denn die Grundhaltung des Konzepts erscheint schlüssig:

> *Nur weil ich das Verhalten der Schüler verstehe, muss ich nicht gleichzeitig mit der Tat einverstanden sein. Ich trenne das Verhalten vom Schüler. Der Schüler wird akzeptiert seine Handlung jedoch missachtet.*

Nun musste ich nur noch die wesentlichen Elemente umsetzen:

- Grenzziehung
- Konfrontation mit der Opferperspektive
- Aufbau eines positiven Selbstbildes (meist

erfolgt dies mit sportlichen Erfolgen)

Um dies authentisch Umsetzen zu können, arbeitete ich an meiner Lehrerrolle. Diese Lehrerrolle gefiel mir. Sie war geprägt von:

- Konfrontationsbereitschaft,
- Beharrlichkeit,
- Angstfreiheit,
- Eindeutigkeit und Klarheit

Diese Kriterien in meinem Lehrerhandeln ließen mich stark und souverän handeln. Einziges Problem war, dass diese Rolle auch in meinem Leben außerhalb der Schule Anwendung fand. Mit dem Resultat, dass Freunde mich auf einmal als extrem provokant, stur und besserwisserisch empfanden. Nachdem ich in meinem Freundeskreis „aufgeräumt" hatte, gab es keine Probleme mehr und das Unterrichten fiel mir mittlerweile wesentlich leichter.

Nach einigen Monaten entstanden erste ganze Konzepte, die auf der konfrontativen Pädagogik aufbauten.

Im Besonderen setzte ich ein konsequentes Regelwerk um. Ich wusste bevor ich in die Klasse ging,

- was ich erlaube,
- was ich auf keinen Fall toleriere,
- worüber ich verhandeln lasse,
- wann ich noch verwarne und
- ab wann nur noch ein Ausschluss erfolgen konnte.

Ich war bereit die Führungsrolle in der Klasse zu übernehmen.

Denn wer die Führungsrolle ablehnt und gewaltaffine Kinder und Jugendliche gewähren lässt, nimmt Gewalt billigend in Kauf.

Als besonders gut kamen bei den Schülern mehrtägige Überlebenstrainings an. Obwohl diese sich bald von der konfrontativen Pädagogik weg und hin zu einer Erlebnispädagogik entwickelten. Grund dafür war, dass mich der konfrontative Stil an Dinge erinnerte, die ich im Geschichtsunterricht über die Hitlerjugend gelernt hatte.

Lange Zeit hielt sich jedoch mein „Sitz, Platz, Aus – Training". Dieses Training setzte ich ein, bei Schülern, die extrem autonom handelten. Allein der von mir gewählte Name zeigt, dass ich versuchte, wie beim Dressieren von Hunden den Schülern die gesellschaftlichen Normen aufzudrücken und einen subkulturfreien Raum zu schaffen, in dem die Regeln und Normen, die vorgegeben werden, unreflektiert von dem betreffenden Jugendlichen zu übernehmen sind. Ich missachtete dabei, dass das Verhalten des Schülers sicherlich eine Funktion hatte. Musste der Schüler nicht in seiner Familie vielleicht genau so autark leben, um zu überleben? Und was war mit der Erziehung hin zur Freiheit?

In den USA, der historischen Herkunft der konfrontativen Pädagogik, scheint man dies anders zu sehen. Eine Vorbereitung auf das zukünftige Leben z.B. beim Militär kann in einem „Boot-Camp" erfolgen. Dies ist aber zum Glück in Deutschland nicht so.

Die Hauptfaszination ist sicherlich, das Gefühl endlich Macht zu haben, um den eigenen Unterricht durchzusetzen.

Jedoch alles Positive aus der konfrontativen Pädagogik, wie das konsequente Führen einer Klasse, durch ein Hinsehen und Handeln bei unerwünschtem Verhalten, welches insbesondere durch ein Regelwerk gestützt ist, kann mit Classroom-Management besser begründet werden. Verbindet sich das Classroom-Management mit der Beziehungsdidaktik, entwickelt sich eine liebevoll, konsequente Pädagogik, die vom Schüler angenommen werden kann und nicht konfrontativ aufgezwungen wird.

Spezielle Themen

AD(H)S

Grundinformationen zum Aufmerksamkeitsdefizit / Hyperaktivitätssyndrom AD(H)S

Das Störungsbild bei AD(H)S ist gekennzeichnet durch die drei Symptombereiche Unaufmerk-samkeit, Impulsivität und Hyperaktivität.

Unaufmerksamkeit

- Schlechte Konzentration
- Leichte Ablenkbarkeit
- Vergesslichkeit

Impulsivität

- Ständiges Unterbrechen und Stören anderer
- Herausplatzen mit Antworten
- Nicht warten können

Hyperaktivität

- Extremer Bewegungsdrang
- Motorische Unruhe
- Ständiges Laufen und Klettern
- Ruhelosigkeit / Getriebenheit

In Deutschland gelten 500.000 Kinder als betroffen. Die konkreten Ursachen sind unbekannt, wobei es als eine neurobiologische Funktionsstörung mit hoher genetischer Komponente beschrieben wird. Bei 2/3 der Betroffenen bleiben die Symptome bis im Erwachsenenalter erhalten. Besonders prägnant bleibt oft die Aufmerksamkeitsstörung. Wird AD(H)S nicht behandelt, kommt es häufig zu sekundären Belgeiterkrankungen (z.B. Depressionen). Kinder mit AD(H)S haben die gleiche Intelligenz wie andere Kinder. Sie können diese aber oft nicht so effektiv nutzen.

Sinnvoll ist in der Regel eine Therapie, mit drei gleichwertigen Bausteinen.

a) Beratung und Aufklärung

b) Verhaltenstherapie

c) Medikamente

Tipps und Tricks für den Unterricht

- Besprechen Sie mit dem Schüler, dass Sie häufig Blickkontakt aufnehmen und halten werden. Ermuntern Sie den Schüler diesen auch zu halten.
- Verabreden Sie eine Zeichensprache. Achten Sie darauf, dass diese Zeichen nach Möglichkeit ermunternd und eher sekundär ermahnend sind.
- Nutzen Sie die beruhigende Wirkung des Körperkontakts (ab der Pubertät kann dies kontraproduktiv sein).
- Nutzen Sie Symbole (z.B. grüne, gelbe, rote Karte).
- Ermöglichen Sie Auszeiten, ggf. für Ruhemöglichkeiten bzw. um sich auszupowern.
- Nutzen Sie Möglichkeiten der positiven Verstärkung (Belohnungsplan).
- Geben Sie zeitnahe Rückmeldung. Reflexion über Geleistetes nach jeder Stunde (zu Beginn

nur das Positive nennen, Kritik dosiert einsetzen).

- Nutzen Sie die Möglichkeit eines Mitteilungshefts für die Eltern. Schreiben Sie täglich etwas hinein und nicht nur wenn etwas vorgefallen ist.
- Vernetzen Sie sich mit Therapeuten, etc.

Autismusspektrumsstörung

Grundinformationen zur Autismusspektrumsstörung

Autismus gilt als eine tiefgreifende Entwicklungsstörung. Die Ursache ist unbekannt, wobei eine genetische Ursache vermutet wird. Autismus ist nicht heilbar, aber veränderbar. Seit Jahren steigen die Fallzahlen. Dies ist sicherlich auch auf eine verbesserte Diagnostik zurück zuführen.

Vor einigen Jahren unterschied die Wissenschaft verschiedene Formen des Autismus, die häufigsten genannten Formen waren

- Frühkindlicher Autismus (meist mit geistiger Behinderung)
- Asperger Autismus
- High-Funktion-Autismus
- Atypischer Autismus

Da die Unterscheidungen nicht wirklich möglich sind, wird heute von einer Autismusspektrumstörung gesprochen.

Als typische Charakteristika für eine Autismusspektrumsstörung gilt, dass Betroffene

- sich nicht oder nur schwer in die Gefühls- und Gedankenwelt anderer Menschen hineinversetzen können.
- häufig sehr zurückgezogen bzw. isoliert leben.

- durch Veränderungen Ängste oder Irritation erleben.

Als typische Tricks und Tips sollten versucht werden:

- Menschen mit Autismus haben häufig eine enge emotionale Bindung zu ihren Lehrern. Diese drücken sie auf ihre eigene, manchmal für uns unverständliche, Art aus.

- Menschen mit Autismus haben Schwierigkeiten in der Kommunikation. Nutzen Sie daher eine klare, einfache Sprache.

- Menschen mit Autismus sind sich häufig nicht über allgemeingültige Regeln im Klaren. Zeigen Sie daher ein liebevoll konsequentes und verständliches Vorgehen, besonders beim Setzen von Grenzen und Loben richtiger Strategien.

- Verhaltensauffälligkeit ist Kommunikation! Desto auffälliger das Verhalten, desto wichtiger ist die Botschaft.

- Menschen mit Autismus sind durch Veränderungen häufig verunsichert. Es ist daher wichtig, dass Ihr erzieherisches Verhalten klar und vorhersehbar ist. Kündigen Sie Abläufe und Planungen an.

- Menschen mit Autismus profitieren von einer bildlichen oder symbolischen Darstellung von Abläufen oder Angeboten. Entwickeln sie z.B. Ablauf- und Tagespläne.

- Menschen mit Autismus haben häufig Schwierigkeiten, wenn zu viele Reize und Informationen auf sie einströmen. Planen Sie dies in Ihre Angebote ein.

- Menschen mit Autismus und Menschen, die sie unterstützen (Familie / Lehrer) geraten aufgrund der hohen Anforderungen nicht selten an ihre Grenzen, daher ist es wichtig die eigenen Kräfte wieder zu stärken und unterstützende Angebote zu nutzen (Therapeuten / Integrationshelfer).

Trauma

Das Wort Trauma bedeutet Verletzung. Wie entstehen diese Verletzungen?

Jeder Mensch hat sein ganz eigenes Weltbild. Alles was innerhalb dieses Weltbildes passiert, ist normal.

Die Größe unseres Weltbildes hängt von den gemachten Erfahrungen ab. Dies steht wieder in unmittelbarem Zusammenhang zur allgemeinen Lebenssituation, Erziehung und Bildung.

Beispiel: Ein kleines Kind hat in der Regel noch nicht viele Erfahrungen gemacht. Das Weltbild ist noch klein. Aus diesem Grund erlebt ein Kind vieles zum ersten Mal. Das ist dann Besonders. Bewertet das Kind das Neue als positiv ist es oft positiv gestresst.

Typische Anzeichen hierfür können sein:

- lachen
- hüpfen
- schnelle Atmung
- schneller Puls

Bewertet das Kind das Neue als negativ, entsteht negativer Stress.

Typische Anzeichen hierfür sind:

- weinen
- verstecken
- aggressives Verhalten
- schnelle flache Atmung
- schneller Puls

Die Ereignisse prägen das Kind und erweitern sein Weltbild.

So wird es auch zukünftig für das Kind stressig sein, wenn die Mutter schimpft. Aber es wird nicht traumatisch verletzt. Denn das Kind hat die Erfahrung gemacht, dass die Mutter es später auch wieder in den Arm nimmt.

Das bedeutet, dass wir innerhalb unseres Weltbildes Stress empfinden können, aber die Stressreaktionen im Normalbereich liegen.

Auch kann ein Kind so Bewältigungsstrategien im Grenzbereich seiner bisherigen Erfahrungen machen.

Ein Kind, welches sich vor dem Keller fürchtet, bemerkt evtl., dass es singend nicht so viel Angst hat.

Aber leider gibt es Situationen, die weit über die Grenzen unseres Weltbildes hinausgehen. Dies gilt für Erwachsene, wie auch für Kinder. Jedoch müssen wir bei Kindern eher davon ausgehen, da ihr Weltbild kleiner ist.

Für diese Situationen haben wir dann zunächst keine passenden Bewältigungsstrategien.

Diese Situationen können einhergehen mit

- Gefühlen von Hilflosigkeit / Ohnmacht oder dem Gefühl schutzlos einer Bedrohung ausgeliefert zu sein,
- Unrecht-, Willkür und Gewalterfahrung
- Sich selber nicht befreien können
- Todesangst
- Schwerer Verletzung
- Verlusterfahrung

Ereignisse weit außerhalb unseres Erfahrungshorizontes haben das Potential uns krank zu machen. Wir reagieren über das normale, gestresste Maß hinaus.

Typische Reaktionen können zusammengefasst werden unter den Überschriften:

Erregung

z.B.: Wut, schnelle Reizbarkeit, fehlende Konzentration

Erinnerung

z.B.: Tagträume / Flash Backs, Albträume

Vermeidung

z.B.: Fluchtverhalten

Wichtig ist, dass auch, wenn die Situation das Potential hat uns krank zu machen, sind wir zu diesem Zeitpunkt (trotz des enormen Stresses den wir erfahren und den körperlichen und psychischen Reaktionen die wir zeigen, und uns krank fühlen) nicht krank.

Es sind normale Reaktionen auf unnormale Ereignisse.

Darunter fallen leichte Dinge wie z.B. Trennungsschmerz nach der ersten großen Liebe.

In diesen Situationen waren wir vielleicht gereizt, wollten auf keinen Fall den Ex-Partner sehen und dachten trotzdem unentwegt an ihn.

Aber genauso, nur härter, ist es bei schweren Traumata wie z.B.: „Ein Kind welchem es die Sprache verschlägt, nachdem es einen schweren Unfall hatte. Denn es reagiert normal (Es ist sprachlos, weil ihm die Worte für solch ein Ereignis fehlen) auf ein unnormales Ereignis!

Wichtig ist aber, dass dieses Kind ein Setting erfährt, indem es die Belastung verarbeiten kann.

Was ist aber, wenn das Kind nicht dieses Setting erfährt, oder die Stresssymptome falsch gedeutet werden? Vielleicht weil niemand von der traumatischen Erfahrung weiß?

So könnten z.B.

- traumatische Erregung als ADHS,

- traumatische Erinnerung als Angst oder

- traumatische Vermeidung als autonomes Verhalten

gedeutet werden.

In den ersten drei Monaten nach einem Trauma können wir von einer normalen belastenden Reaktion eines gesunden Menschen ausgehen, welcher ein unnatürliches Ereignis erlebt hat. Diese normale Reaktion kann auch einmal hart ausfallen und als verhaltensauffällig wirken. Sie ist aber nicht auffällig, sie ist normal!

Hilfreich zur Verarbeitung eines traumatischen Erlebnisses ist:

- Ein verstehendes wohlwollendes Umfeld
- Möglichkeiten zum Rückzug / zur Ruhe / und zum Gespräch Insgesamt gelten die drei Heilhandlungen:
  - Ablenkung
  - Entspannung und
  - Handlung

Wichtig ist, dass die drei Heilhandlungen zusammentreffen.

Denn nur Ablenkung führt schnell dazu, dass eine Person weltfremd und unkonzentriert wird. Nur Entspannung führt dazu, dass die Person nicht mehr belastbar ist und lethargisch wird. Nur Handlung kann zur Überanstrengung durch Arbeit führen.

Oft finden sich die drei Heilhandlungen im individuellen Hobby des Betroffenen, aber auch Sport und kreativer Unterricht kann diese drei Heilhandlungen gut unterstützen.

Aus diesem Grund sind Theater- oder Kunstwerkstätten und Schulbands Orte an denen Schüler Probleme vergessen und verarbeiten können.

Schulseelsorger und Vertrauenslehrer können zusätzlich Orte schaffen, in denen die Heilhandlungen und ein offenes Ohr gelebt werden.

Die meisten Menschen verarbeiten ihr traumatisches Erlebnis selbstständig (Resilienz). Dabei ist das Ereignis nicht vergessen oder gar ungeschehen, sondern wird ins Leben integriert. Die Person kann dann in der Regel ohne größere Belastung über das Ereignis sprechen und es ggf. wieder wegschieben. Man sagt: Das Ereignis ist im Leben integriert.

Jedoch gibt es Fälle, in denen traumatische Symptome länger als drei Monate vorliegen. In diesen Fällen ist von einem pathologischen Zustand auszugehen.

Auslöser dafür ist meist, dass die Verarbeitung des Traumas gestört wurde oder erst gar nicht mit der Bearbeitung begonnen wurde. In diesen Fällen ist die Zusammenarbeit mit Ärzten und Therapeuten sinnvoll. Trotzdem ist es auch in diesen Zeiten noch sinnvoll die oben genannten Maßnahmen vorzuhalten.

Beziehungsstörungen

Vom Hofstaat, kleiner Tyrannen und nachwachsender Nabelschnur

Immer mehr Kinder entwickeln durch eine falsch verstandene Elternliebe eine Beziehungsstörung.

Dabei kann man drei Ebenen unterscheiden:

1. Partnerebene

2. Unterwürfigkeitsebene

3. Symbiose

Die erste Ebene der Beziehungsstörung liegt mittlerweile sehr häufig vor. Eltern und Kinder sind auf einer gleichen Ebene. Es wird nicht mehr unterschieden zwischen Erwachsenen- und Kinderthemen. Kinder dürfen bei allem mitbestimmen. Dabei wird verkannt, dass das Kind eine Verantwortung tragen muss, die es nicht mehr Kind sein lässt. Das Kind verliert Schutz und wird häufig überfordert.

Typische Aussagen sind:

„Ich möchte, dass mein Sohn mich als Freundin ansieht und nicht nur als Mutter."

„Er hat natürlich die gleichen Rechte wie ich."

„Bei uns wird alles gemeinsam ausdiskutiert!"

So politisch korrekt diese Beziehungsstörung daher kommt, sie ist nicht gesund. Es gibt Themen für Erwachsene. Erwachsene Menschen haben die Verantwortung Kinder zu führen, sie in Verantwortung zu erziehen und ihnen schrittweise mehr Verantwortung zu zutrauen, aber nicht sie direkt damit zu zuwerfen.

Deshalb gilt:

    Suchen Sie sich eigene Freunde!

    Ihr Kind ist Ihr Kind und nicht Ihr Freund!

Die zweite Ebene entsteht, wenn das mit Erwachsenenrechten überforderte Kind mehr einfordert, als ihm partnerschaftlich zusteht. Denn Kinder handeln nicht von Natur aus moralisch. Sie handeln tyrannisch und werden versuchen, sich über sie zu stellen. Insbesondere weil sie gelernt haben, dass die Eltern sie nicht vor den Problemen der Welt beschützen wollen, sondern lieber die Probleme der Welt mit ihnen diskutieren. Die Ebene ist vollendet, wenn Sie sich in der Unterwürfigkeit eingerichtet haben.

Typische Aussagen hier sind:

„Der ist ganz selbstbewusst. Ich bin stolz, dass der sich auch von Älteren nichts sagen lässt."

„Das ist ein so intelligentes Kind und der will keine Hilfe von mir."

„Unsere Kinder sollen es doch besser haben, als wir. Meine Eltern waren immer so streng."

In diesem Fall erzieht das Kind Sie. Sie werden zum Hofstaat der kindlichen Tyrannei.

Die dritte Ebene stellt die absolute Symbiose her. Sie sind nicht mehr für ihre Interessen da, sondern zum Sklaven ihres Kindes. Es ist als wäre eine nachträgliche Nabelschnur zwischen Ihnen und Ihrem Kind gewachsen

Charakteristisch ist: Sie können nicht mehr Trennen zwischen Kind und sich selbst. Alles was Ihr Kind macht, ist so, als hätten Sie es selbst gemacht. Aus diesem Grund können Sie nicht mehr verstehen, dass Ihr Kind etwas Schlimmes mit Absicht macht. Denn Sie deuten es direkt aus Ihrem Wertekontext und verneinen die Tatsache, dass Ihr Kind diesen Wertekontext nicht hat.

Typisch hier sind zum Teil abstruse Entschuldigungen, die deutlich machen sollen, dass ihr Kind bei Fehlverhalten nicht anders konnte bzw. dass es gänzlich unschuldig ist. Ein weiteres Charakteristikum ist, dass Eltern nicht mehr überlegt und gelassen auf die Aktionen des Kindes reagieren, sondern reflexartig. Das Kind lernt somit, dass es die Eltern komplett steuern kann.

Um diese Beziehungsstörungen zu verhindern, ist es notwendig zu erkennen, dass Kinder keine kleinen Erwachsenen sind.

Erwachsene haben auf Grund ihrer rechtlichen Stellung und Erfahrung andere Rechte und Pflichten als Kinder.

Daraus folgt: Es gibt Erwachsenen- und Kinderthemen.

Wir schaffen es nur Kinder gut zu erziehen, wenn wir uns erwachsen verhalten und erlauben, dass Kinder sich wie Kinder verhalten dürfen.

Gute Aussagen von Erziehern sind deshalb die, die uns als Kinder vielleicht nicht immer gefallen haben, uns aber gerade deshalb vor vielem schützten und uns erwachsen werden ließen:

„Dafür bist du noch zu jung!"

Schulabsentismus

Die vielen Gesichter vom Schulabsentismus

<u>Passive Unterrichtsverweigerung</u>

Herr Meier ist Klassenlehrer der 8b. Es geht ihm seit Jahren nicht gut, die private Scheidung nimmt ihm soviel Kraft, dass er den Unterricht nicht mehr richtig vorbereiten kann. Aber das ist für ihn kein Problem, denn nach vielen Jahren scheint das Repertoire auszureichen. Mit fünfminütiger Verspätung kommt er mit seiner Kaffeetasse in die Klasse. Kurz nach ihm kommt Jens. Jens hat keinen Bock auf Unterricht. Die ersten beiden Stunden ist er weiterhin müde. Er verhält sich leise; bloß nicht auffallen und zeigen dass man innerlich mit der Schule gekündigt hat.

<u>Aktive Unterrichtsverweigerung</u>

Nach der vierten Stunde kommt Jens nicht mehr aus der Pause zurück. Auf Religion hat er keine Lust. Grundsätzlich mag er die Schule, denn dort sieht er Anna. Er verweigert nicht bewusst die Schule, alle seine Freunde sind dort. Er verweigert nur den langweiligen Unterricht und das halt morgens passiv und mittags aktiv. Zum Glück notiert der Religionslehrer nicht, dass Jens gefehlt hat. Er hatte gedacht, dass Jens schon den ganzen Tag fehlte und es jemand anderes notiert habe.

Schulverweigerung

Stefan, Jens Bruder, ist da konsequenter. Er kommt erst gar nicht mehr zur Schule. Angefangen hatte er wie Jens, aber warum soll er noch zur Schule gehen? Wenn man den Unterricht verweigert, entdeckt man irgendwann bessere Orte als die Schule. Im Zweifel ist es das Bett.

Schulverhinderung

Marvin kommt seit Wochen unregelmäßig zur Schule. Seine Mutter ist krank, alkoholkrank. Vor drei Wochen hat sie versucht, sich mit Tabletten umzubringen. Marvin hat sie zuhause gefunden. Er passt nun auf, dass es nicht wieder passiert. In der Schule kann er es natürlich niemanden sagen, weil die Lehrer sonst das Jugendamt einschalten würden und er ins Heim käme. Herr Meier hat heute einen Brief geschrieben, indem er einige Tage, die Marvin gefehlt hat, anmahnt.

Schulphobie

Nathalie hatte Streit mit Chantal. Chantal machte sie anschließend bei den Mitschülern schlecht. Nach anfänglichen Gemeinheiten wurde es durch Facebook ein Selbstläufer. Nathalie kann sich jetzt nicht mehr in der Schule sehen lassen ohne ausgelacht zu werden. Sie hat enorme Angst vor ihren Mitschülern.

Tom hat es da besser. Er ist nur der „Turnbeutelvergesser". Aber die Mobbingattacken in der Umkleide konnte er nicht mehr aushalten. Aus Angst vor dieser Situation behauptet er nun, dass er kein Sportzeug bei sich hätte.

Maßnahmen

So viele verschiedene Formen von Schulabsentismus, wie soll man auf die alle reagieren? Ganz einfach: Immer gleich! Das Erste und Wichtigste ist, dass wir mitbekommen, dass die Schüler nicht anwesend sind und wie oft sie fehlen. Deshalb gilt:

Kontrollieren und dokumentieren:

Legen Sie für jeden Schüler eine Monatsübersicht an. Dann merken Sie es nicht erst, wenn Sie die Fehltage fürs Zeugnis zählen.

Bei Fehlzeiten sofort reagieren:

Denn

- das erste Schulschwänzen hat für den Schüler eine höhere Hürde, als das zehnte Schulschwänzen. Denn dann ist es eine normale Strategie.

- Schulabsentismus ist ansteckend. Es überträgt sich vom Lehrer, der innerlich gekündigt hat auf den Schüler, der in passive Verweigerung geht. Und Schüler, die nicht mehr zur Schule kommen, haben gerne in der neuen Freizeit die Gesellschaft von Freunden. Reagieren Sie wohlüberlegt,

- nutzen Sie Telefonate, Gespräche mit Schüler / Eltern.

- suchen Sie die Gründe für die Fehlzeiten.

- machen Sie Hausbesuche,

- mahnen Sie schriftlich, lassen Sie über das Ordnungsamt zuführen,

leiten Sie Ordnungswidrigkeitsverfahren ein.

Seien Sie nicht nur reaktiv, seien Sie aktiv:

- Machen Sie guten, spannenden Unterricht, bei dem die Schüler nicht abschalten.

- Schaffen Sie ein Klassenklima vor dem die Schüler nicht flüchten müssen.

- Seien Sie selber pünktlich.

- Haben Sie die Handynummer Ihrer Schüler, so stellen Sie sicher, dass Sie sie direkt erreichen können.

- Erziehen Sie die Eltern zu einem ordentlichen Entschuldigungsverfahren. Denn wenn die Schüler die Eltern austricksen, verlieren Sie Verbündete.

Mobbing

Wie viele Schüler haben Sie heute schon gemobbt?

Keinen? Wissen Sie denn, was Mobbing ist?

Mobbing ist ein gewaltsames Gruppenphänomen. Es findet über einen längeren Zeitraum statt. Es gibt den Betroffenen kaum eine Möglichkeit, sich aus eigener Kraft zu befreien und es ist gekennzeichnet durch ein extremes Machtungleichgewicht.

Natürlich gab und gibt es sicherlich auch Lehrer, die direkt Schüler mobben. Sei es dass sie Klassenarbeiten in der Notenreihenfolge zurückgeben, sei es dass sie schwache Schüler vorführen oder sonst was tun, mit dem sie ihre Macht ausnutzen. Aber diese Lehrer sind hoffentlich eine Minderheit und ich möchte das größere Problem ansprechen:

Ich glaube Lehrer unterstützen Mobbing oft indirekt. Denn Mobbing ist oft die Folge

- eines negativen, aggressionsfördernden Schulklimas,

- von fehlender Grenzsetzung sowie

- einer nicht gelungenen Integration Häufig hört man in Lehrerzimmern Formulierungen wie:

„Das hat der/die sich schon lange gefragt."

„Der/die benötigt halt das regelmäßige Bodyfeedback."

Warum hat er es sich gefragt? Weil wir ihn wegen Unterrichtsstörungen auch nicht mögen?

Warum braucht er das Bodyfeedback? Weil unsere Interventionen nichts gebracht haben?

Wenn Lehrer wegschauen, weil sie eigentlich der

gleichen Meinung sind wie die mobbenden Schüler, dann verhalten sie sich in Mittäterschaft und sind Teil des Mobbings. Außerdem kann es sein, dass uns die Funktion des Mobbings gefällt. Denn Mobbing schafft eine gemeinsame Identität und verstärkt den Gruppenzusammenhalt nach innen. Lehrer sind Teil des Gruppenphänomens und sie haben nur eine Möglichkeit nicht zu mobben und das bedeutet, dass sie Mobbing aktiv bekämpfen:

Der Lehrer muss

- sich wertschätzend verhalten,

- null Toleranz für jede Form der Gewalt vorleben,

- sofort Stellung beziehen und Mobbing-Vorwürfen nachgehen,

- Mobbing-Aktionen sofort beenden,

- ein klares Regelwerk durchsetzen,

- Opfern Schutz bieten,

- sich Zeit für Gespräche mit Tätern und Opfern nehmen,

- Mobbing zum Gruppenthema machen,

- Alternativen zur Gruppenstärkung anbieten und

- potentiellen Tätern Aufgaben geben, über die sie sich positiv definieren können.

Wenn wir als Lehrer nicht gradlinig diesen Anspruch verfolgen, dann mobben wir so kompetent wie die Filmfigur „Stromberg":

„Als Chef musst du wie ein Chamäleon sein, musst du eigentlich besser sein als ein Chamäleon. Ja nicht nur die Hautfarbe wechseln, sondern bei Bedarf in ein

komplett neues Tier verwandeln.
Chamäleon, zack Tiger, zack Dackel, zack …ne"
(Stromberg, Folge 3: Mobbing)
Für uns heißt das dann:
Lehrer, zack Rechthaber, zack Diktator, zack …

Kindeswohlgefährdung

Obwohl das „Kindeswohl" und die „Kindeswohlgefährdung" zentrale Begriffe im BGB sind und auch als Entscheidungskriterium in familienrechtlichen Prozessen herangezogen werden, sind sie ein sogenannter „unbestimmter Rechtsbegriff". Er orientiert sich an Bedürfnissen und Rechten von Kindern und Jugendlichen und dient auch in der Jugendhilfe als Legitimation staatlichen Handelns.

Auf Grund unserer Geschichte ist bei Entstehung der Gesetze in der Bundesrepublik Deutschland die Erziehung durch die Eltern klar in den Vordergrund zu der Erziehung und Intervention durch den Staat gerückt.

Jedoch sieht das Bürgerliche Gesetzbuch im §1666 gerichtliche Interventionen bei Gefährdung des Kindeswohls vor. Diese reichen von dem Auferlegen von Hilfen bis zur teilweisen oder gänzlichen Entziehung der elterlichen Sorge.

Mit Beschluss des §8a KJHG sind die Pädagogen mehr in die Verantwortung genommen worden, das Kindeswohl bei ihren Schülern und Klienten einzuschätzen und bei Bedarf zu melden.

Vielen, auch erfahrenen Pädagogen fällt so eine Einschätzung schwer. Fragen nach dem Zeitpunkt des Meldens oder auch Fragen: Darf ich melden? Was ist mit dem Datenschutz? Bei wem melde ich? Was melde ich? Müssen hier gestellt werden.

Bevor ich hierauf eingehe, möchte ich zuerst noch genauer auf die Kindeswohlgefährdung eingehen.

Kindeswohlgefährdung

Nach dem Bundesgerichtshof bedeutet dies: Eine gegenwärtige, in einem solchem Maße vorhandene Gefahr, dass sich bei deren weiteren Entwicklung eine erhebliche Schädigung mit ziemlicher Sicherheit voraussagen lässt. (BG FamRZ 1956,350)

Die verfassungsmäßigen Grundrechte der Kinder und Jugendlichen besagen, dass sie Personen sind:

- mit eigener Menschenwürde,
- mit Recht auf Leben und körperlicher Unversehrtheit,
- mit Recht auf Entfaltung ihrer Persönlichkeit,
- die den Schutz ihres Eigentums und Vermögens genießen.

In der UN-Kinderrechtskonvention werden zusätzlich noch folgende Grundbedürfnisse formuliert:

- Bedürfnis nach Existenz
- Bedürfnis nach sozialer Bindung und Verbundenheit
- Bedürfnis nach Wachstum

Nach diesen Vorgaben muss geprüft werden, ob eine Kindeswohlgefährdung vorliegt. Hierbei muss immer eine Einzelfallprüfung nach den Grundsätzen des geringst möglichen Eingriffs und der Verhältnismäßigkeit der erwogenen Maßnahme durchgeführt werden.

Es muss erwogen werden, welche positiven wie negativen Folgen die anstehende Entscheidung für das Kind hat. Diese Abwägung muss erfolgen, da sonst die

Entscheidung anfechtbar ist.

Obwohl die elterliche Erziehung Schutz vor staatlichen Eingriffen genießt (Art. 6 Abs. 2 Satz 1 GG) und Eltern sowie Kinder staatlichen Schutz genießen (Art. 6 Abs. 2 Satz 2 Abs. 3 GG), endet diese dort, wo das Kindeswohl gefährdet ist. (Art. 6 Abs. 3 GG).

Nach §1666 BGB kann der Staat erst nach Beschluss eines Familiengerichtes und nach dem Prinzip der Verhältnismäßigkeit eingreifen. Für eine Feststellung der Kindeswohlgefährdung gibt es drei Kriterien:

- gegenwärtig vorhandene Gefahr
- erhebliche Schädigung (bedrohende erhebliche Beeinträchtigung der Entwicklung des Kindes/Jugendlichen)
- Sicherheit der Prognose (vorhersehbare erhebliche Beeinträchtigung der Entwicklung des Kindes/Jugendlichen)

Inobhutnahmen dürfen nur nach familiengerichtlicher Entscheidung durchgeführt werden.

Das am 1.1.2012 in Kraft getretene Bundeskinderschutzgesetz stärkt den aktiven Schutz des Kindes. Hierin ist z.B. die frühe Betreuung, die Einrichtung der „frühen Hilfen", die Zusammenarbeit zwischen Jugendämtern und die Information zwischen den verschiedenen Jugendämtern bei Umzug der Familien geregelt.

Hierin ist auch geregelt, welche Daten zwischen den Institutionen weitergegeben werden dürfen.

Generell gilt, dass sich Lehrer nach §13 StGB strafbar machen, wenn sie eine Handlung unterlassen und der Schüler dadurch in einen durch das Strafrecht geschützten Rechtsgut verletzt wird (z.B. Körperverletzung, sexueller Missbrauch). Dies ergibt sich durch die Garantenstellung, die ein Lehrer gegenüber seinem Schüler hat.

In den Schulgesetzen findet sich zumeist, dass der Lehrer gem. §4 KKG eine sogenannte „Offenbarungsbefugnis" gegenüber der legitimierten „insoweit erfahrenen Fachkraft" und dem Jugendamt hat. Die Schulleitung ist verpflichtet, bei Bedarf, das Jugendamt zu informieren.

Anders verhält es sich bei einer Strafanzeige. Hier ist ein Lehrer nicht verpflichtet dies anzuzeigen.

Wir unterscheiden bei der Kindeswohlgefährdung zwischen 5 verschiedenen Arten :

Vernachlässigung

Der Begriff beschreibt die Unkenntnis oder die Unfähigkeit von Eltern, die körperlichen, seelischen, geistigen und materiellen Grundbedürfnisse eines Kindes zu befriedigen.

Dazu gehören:

- das Kind angemessen zu ernähren,
- zu pflegen und zu kleiden,
- für eine angemessene Unterbringung zu sorgen,
- für seine Gesundheit zu sorgen,
- die für eine altersgerechte Entwicklung notwendigen materiellen Ressourcen zur

Verfügung zu stellen,

- das Kind emotional, intellektuell und erzieherisch zu fördern,
- dem Kind Schutz in jeder Hinsicht zu gewähren.

Die Vernachlässigung ist im Kern eine Beziehungsstörung, da die Eltern nicht in der Lage sind eine fürsorgliche Beziehung zu ihrem Kind aufzubauen.

Erziehungsgewalt

Unter Erziehungsgewalt verstehen wir eine leichte Formen der psychischen oder physischen Gewalt, die erzieherisch motiviert ist.

Als Kindesmisshandlung verstehen wir hingegen die gewaltsame Schädigung der Kinder durch ihre Eltern oder andere Personen. Sie umfasst alle gewaltsamen Handlungen aus bewusstem „Erziehungskalkül" oder aus emotionalem Kontrollverlust mit Gewaltanwendung. Die Schädigung des Kindes ist beabsichtigt oder wird mindestens bewusst in Kauf genommen.

Folgen der Misshandlungen sind neben den körperlichen Beschädigungen

- vermindertes Selbstwertgefühl
- Störungen des Vertrauens in Erziehungspersonen
- Störungen des Sozialisationsprozesses: Gewalt ist legitimes erzieherisches Bestrafungsmittel, Gewalt ist Konfliktlösungsstrategie

Misshandlungsformen können sein:
- einzelne Schläge mit der Hand
- Prügeln
- Festhalten
- Einklemmen
- Verbrühen
- Verbrennen
- Hungern oder Dursten lassen
- Unterkühlen
- Beißen
- Würgen
- gewaltsamer Angriff mit Riemen, Stöcken, Küchengeräten und Waffen

Emotional/psychisch sind Misshandlungen eng gekoppelt an Angst, Scham, Demütigung, Erniedrigung und Entwürdigung.

Weitere besondere Beachtung gilt dem Münchhausen-Stellvertreter-Syndrom. Dem Kind werden beabsichtigt krankmachende Medikamente verabreicht oder Verletzungen zugefügt, um mit ihm dann zum Arzt zu fahren und sich als besonders besorgte und fürsorgliche Eltern (zumeist Mütter) zu zeigen. Die berichteten Ursachen der Krankheiten/Verletzungen sind erfundene Lügengeschichten über Unfälle etc.

Auch hier liegt eine Kindesmisshandlung vor. Die gesundheitsinvasiven Handlungen beschädigen ein Kind u. U. schwer und wiederholend.

Psychologisch steht dahinter die Aufwertung der Eltern als besonders „gute" Eltern. Die Gesundheit und Unversehrtheit des Kindes wird für diese narzisstische Störung der Eltern missbraucht.

Häusliche Gewalt

Häusliche Gewalt beschreibt Gewalthandlungen zwischen Erwachsenen, die in einer partnerschaftlichen oder verwandtschaftlichen Beziehung zueinander stehen.

Zu den möglichen Gewalthandlungen gehören:

- physische Gewalt (Schläge, Tritte, Würgeversuche, Verbrennungen etc.)
- psychische Gewalt (Einschüchterungen, Erniedrigungen, Kontrolle, Verbote wie Erwerbsverbot oder Kontaktverbot, Morddrohungen, Einsperren etc.)
- sexualisierte Gewalt (Zwang zu sexuellen Handlungen oder Vergewaltigungen)

Häusliche Gewalt ist unabhängig von ihren Ursachen und unabhängig von ihrer Form immer auch eine Kindeswohlgefährdung.

Die Kinder werden in vielfältiger Weise in Mitleidenschaft gezogen:

- Führt die Vergewaltigung zu einer Schwangerschaft: Für die Mutter wird das Kind immer eine Erinnerung an die Gewaltsituation sein. Das bleibt für alle spürbar und belastet die Beziehung. Gewalt gehört in diesen Familien latent immer zum Leben.

- Misshandlungen während der Schwangerschaft: Die Folge können Schwangerschaftskomplikationen oder gesundheitliche Schädigungen des ungeborenen Kindes sein.

- Atmosphäre der Gewalt: Die Kinder sehen, wie die Mutter geschlagen oder vergewaltigt wird. Sie hören, wie der Vater schreit, die Mutter wimmert, und sie spüren den Zorn und die Angst – ihre eigene, die der Mutter, die der Geschwister. Die Kinder erleben Demütigung, Vernachlässigung, Erpressung und Bedrohung. Sie erleben Macht (des Misshandelnden) und Ohnmacht (der Misshandelten). Die Gewaltatmosphäre führt z.B. zu der Angst, der Vater töte die Mutter mit der Folge, die Mutter und die Geschwister beschützen zu müssen, dabei aber ohnmächtig zu sein. Das Nichtbeschützen-Können führt zu starken Schuldgefühlen.

- Gewalterfahrung durch Mit-geschlagen-Sein: Kinder stellen sich z.B. zum Schutz der Mutter zwischen sie und den schlagenden Partner oder die Mutter nimmt das Kind auf den Arm, um so einen drohenden Angriff zu verhindern.

Emotionale Gewalt

Der Begriff der emotionalen Gewalt beschreibt alle elterlichen Äußerungen und Handlungen, die das Kind herabsetzen, entwürdigen, ihm das Gefühl umfassender Ablehnung oder der eigenen Wertlosigkeit vermitteln oder es isolieren. Meist entsteht sie durch die Kombination überzogener Erwartungen an das Kind, gekoppelt mit mangelnder Erziehungskompetenz und den Erfahrungen einer eigenen emotional mangelhaften Kindheit

Aktive Formen der emotionalen Gewalt sind:

- Kritik: Das Kind wird einer ununterbrochenen heftigen und herabsetzenden Kritik ausgesetzt. Es wird von den Eltern nicht anerkannt, weil die Eltern seinen Wert nur an der Erfüllung ihrer übersteigerten Erwartungen messen, die das Kind nicht erfüllen kann. Es fühlt sich wertlos und ungeliebt.

- Einschüchterung: Das Kind erfährt eine ständige Ängstigung und Einschüchterung durch Drohungen vonseiten der Eltern. Die Drohungen betreffen existenzielle Bedürfnisse des Kindes nach Sicherheit und Schutz.

- Isolation: Das Kind wird eingesperrt und von Außenkontakten ferngehalten.

- Emotionale Vernachlässigung: Die Bedürfnisse des Kindes nach Zuwendung und Beachtung werden dauerhaft übersehen.

Dem gegenüber sind passive Formen emotionaler Gewalt:

- Überbehütung: Die Kinder werden ununterbrochen kontrolliert und gesteuert. Sie werden vor jeder auch nur vermeintlichen Gefahr beschützt, sie dürfen keine eigenen Erfahrungen machen. Ihr Leben, ihre Bildung und Entwicklung werden bis ins Detail vorgeplant und gesteuert. Das Bild, das dem Kind vermittelt wird, ist das, in ständiger Gefahr zu sein.

- Symbiotische Fesselung: Das Kind wird eng an die Mutter oder den Vater gebunden und als Teil der elterlichen Persönlichkeit angesehen. Im Kind versucht die Erziehungsperson das zu verwirklichen, was an Vorstellungen für die eigene Person gewünscht und nie vervollständigt werden konnte. Das Kind muss eine bestimmte Rolle ausfüllen, für die es aber nicht geeignet ist. Das vermittelte Bild des Kindes ist das, nur für die Bedürfnisse anderer nütze zu sein.

- Emotionale Gewalt festzustellen ist schwierig, vor allem wenn sie nicht direkt beobachtet wird. Die Folgen werden oft erst viele Jahre später erkennbar und äußern sich in vielfältigen Entwicklungsstörungen und -verzögerungen, für die keine organische Ursache festgestellt werden können.

Sexuelle Gewalt
Unter sexueller Gewalt versteht man sexuelle Handlungen von Erwachsenen oder Jugendlichen, die an oder in Anwesenheit eines Kindes vorgenommen wird und zu deren Ausübung die Machtposition des Missbrauchten, sowie die Liebe und Abhängigkeit des Kindes ausgenutzt werden. Sexuelle Gewalt findet häufig im Kontext anderer Misshandlungsformen statt und wird meist von männlichen Tätern aus dem näheren Umfeld des Kindes begangen.
Unter die *physische* Form sexueller Gewalt fallen körperliche Handlungen, die während der persönlichen Begegnung zwischen dem Kind und dem Täter stattfinden wie:

- körperliche Belästigung
- Küssen
- das Manipulieren der kindlichen Geschlechtsorgane
- oraler, vaginaler, analer Sexualverkehr
- Veranlassung des Kindes zur Manipulation der eigenen Geschlechtsorgane
- Veranlassung des Kindes, bei der Selbstbefriedigung einer anderen Person anwesend zu sein
- Veranlassung des Kindes, eine dritte Person sexuell zu berühren

Unter die *psychische* Form sexueller Gewalt fallen nicht-körperliche Handlungen wie:

- anzügliche oder beleidigende Bemerkungen und Witze über den Körper oder die Sexualität des Kindes
- Gespräche über Sexualität, die das Kind überfordern (z. B. Schilderungen erwachsener sexueller Erfahrungen)
- Zeigen von Erotika und Pornografie

Das Verfahren zur Einschätzung einer Kindeswohlgefährdung

Das Verfahren zur Einschätzung einer Kindeswohlgefährdung ist zweistufig.

1. Stufe:

Hier werden die ersten Anhaltspunkte aufgenommen, diese werden dann geprüft und bewertet. Mit einer anderen pädagogischen Fachkraft sollte der Fall dann besprochen werden.

Anschließend muss das Gefährdungsrisiko eingeschätzt (in welcher Form dies gemacht werden soll, muss mit dem Jugendamt vor Ort abgestimmt sein) und je nach Ergebnis eine Meldung ans zuständige Jugendamt gemacht werden.

2. Stufe:

Bei sich erhärtenden Faktoren erfolgt eine weitere Prüfung der Kindeswohlgefährdung durch das Jugendamt bzw. bei freien Trägern in der Zusammenarbeit mit einer insoweit erfahrenen Fachkraft. Bei der Abschätzung des Risikos werden die Personensorgeberechtigten und das Kind / der Jugendliche mit einbezogen.

Je nach Einstufung der Risikoeinschätzung ergibt sich die Dringlichkeit zu handeln oder mit der Familie Kontakt aufzunehmen, um das Kind und seine Situation in Augenschein zu nehmen.

Meine Position als Lehrer

Lehrer müssen in erster Linie die Auffälligkeiten dokumentieren und weitergeben. Der Datenschutz ist beim Datenaustausch mit Behörden gegeben. Somit darf man als Lehrer dem Jugendamt Auskunft geben. Wenn an der Schule ein Schulsozialarbeiter eingesetzt ist, sollte in jedem Fall Kontakt zu ihm aufgenommen werden.

Auch der Schulleiter muss vor einer Meldung ans Jugendamt informiert sein, denn auch wenn durch eine allgemeine Kooperationsvereinbarung zwischen Jugendamt und Schule geregelt wurde, dass

Mitarbeiter vom Jugendamt z.B. in die Schule kommen können um dort Gespräche mit Kindern / Jugendlichen, die außerhalb des Einflusses von deren Eltern stattfinden sollen, zu führen, ist es doch immer besser, wenn der Schulleiter weiß, wer zu welchem Zweck sich im Schulgebäude befindet.

Spezialsysteme

Die nachfolgenden zwei Spezialsysteme „Hart-Lern-Café" und „Familienklasse" können in inklusiven Systemen aufgebaut werden.

Die beiden Konzepte können unabhängig voneinander und gemeinsam in Schulen angewendet werden.

Hart-Lern-Café

Wenn es in der Klasse zu hart ist
(für Schüler, Lehrer, Mitschüler),
aber trotzdem gelernt werden muss,
dann geh doch ins CAFÉ!

Idee:

Die Idee des Hart-Lern-Cafés ist es, eine Arbeits- und Aufenthaltsmöglichkeit zu schaffen, welche die Klassenlehrer entlastet, Schüler ohne Druck an die Schule bindet, um für alle im Schulbetrieb befindlichen Personen ein besseres Lernen und Arbeiten zu ermöglichen.

Organisation:

Das Hart-Lern-Café wird von einem Sozialarbeiter und einem Sonderpädagogen gemeinsam im Team begleitet. Die Räumlichkeiten des Hart-Lern-Cafés sind besonders gestaltet und unterscheiden sich komplett von der Klassenraumatmosphäre. Bei uns nutzen wir einen Pausenraum mit kleiner Küche, einen Nebenraum und einen Flur. Die Schüler können das Hart-Lern-Café vor der Schule, während der Pausen und während des Schulunterrichts besuchen. Der Kiosk des Hart-Lern-Cafés öffnet vor dem Unterricht und in den Pausen.

Während der Unterrichtszeit können die Schüler vom Klassenlehrer mit einem Infobrief zum Café geschickt werden. Dabei ist der Grund unwichtig: Die Schüler kommen für eine Auszeit oder nutzen Spiel- und Sportmöglichkeiten als Belohnung, wünschen einen differenzierten ruhigen

Lernort, nutzen Gesprächsangebote zur Streitschlichtung und als Krisenintervention. Aber wichtig ist, sie kommen gerne! Es ist kein Trainingsraum, der bei den Schülern negativ besetzt ist und meist nur eine Alibifunktion hat, um schwarze Pädagogik zu vertuschen.

Sinnvolles Inventar:

- interessante Bücher
- Boxsack
- Kicker
- PC mit Lernwerkstatt
- Sofaecke
- Arbeitsplätze für Stillarbeit

Preis- Leistungsverhältnis:

Aus meiner Sicht ist ein Hart-Lern-Café ein wichtiger Bestandteil an einer Schule. Ein Hart-Lern-Café kann auch an einer Regelschule aufgebaut werden. Aber wichtig ist, dass es von allen Kollegen getragen wird. Um ein Hart-Lern-Café aufzubauen, kann man als

Kollege nicht gleichzeitig im Klassenunterricht sein. Ein Modell, wie häufig bei Trainingsräumen, mit wechselnden Lehrpersonen schafft keine echte Beziehungs-arbeit, die im Hart-Lern-Café aber notwendig ist. Im Hart-Lern-Café müssen flexible und gute Pädagogen eingesetzt werden. Es ist nicht die Stelle, die mit Kollegen besetzt wird, die Klassenunterricht ablehnen.

Die Schüler, die der Kollege nicht unterrichtet, müssen auf andere Klassen aufgeteilt werden. Insbesondere in den Zeiten, wo aus den Klassen kein Schüler Hart-Lern-Café- Bedarf hat und somit keiner dorthin geschickt wird, kann schnell Neid auf den unterrichtenden Lehrer im Hart-Lern-Café entstehen. Wenn die anderen Lehrer nicht bereit sind, Schüler während des laufenden Unterrichts zu schicken, z.B. als Belohnung, wird der Sinn des Hart-Lern-Cafés unterlaufen. Sie sollten dann besser eine Strafkompanie (z.B. Trainingsraum) in der Schule einrichten, denn das wäre in dem Fall ehrlicher.

Familienklasse

Die Familie sollte der Ort sein in dem man weiß, dass man akzeptiert wird.

In der Familie sollte Schutz sein, so dass jeder Probleme ansprechen kann. Diesen Gedanken gilt es, in die Schule zu bringen, insbesondere wenn es um die Inklusion von Schülern mit sozialem und emotionalem Förderbedarf geht.

Es ist ein ungewöhnlicher Name. Häufig nutzen wir Begriffe wie „Sonderklasse" oder „Intensivklasse". Wie müssen sich die Schüler fühlen, bei dem Begriff „intensiv"? Die Schüler haben das Wort sicher zuvor nur gehört, wenn von einer Intensivstation im Krankenhaus die Rede war.

<u>Organisation</u>

Personal:

In der Familienklasse unterrichten eine Lehrerin und ein Lehrer im Team. Es gibt Schüler, die aus biographischen Gründen lieber einen Lehrer bzw. eine Lehrerin haben.

Das Lehrerteam sollte interessiert an den Schülern und der besonderen Arbeit sein. Es sollte liebevoll, einfühlsam und verfügbar sein. Das Team sollte auf mehrere Jahre stabil bleiben. Die Lehrer selber müssen emotional belastbar und selber verantwortungsbewusst und selbstständig sein.

Ort:

Der Klassenraum verliert seinen rein schulischen Charakter. Sofas und Sessel, eine kleine Küchenzeile und eine Spielecke sind für die besondere Arbeit notwendig. An den Wänden finden sich nicht nur schulische Regeln und Formeln, sondern auch Fotos der Idole. Es muss ein Ort zum Wohlfühlen sein.

Pädagogische Inhalte:

Die Bindungsentwicklung ist eine wesentliche Schlüsselqualifikation. Sie steht vor dem Lehrplan. Wichtig ist, dass eine gute Beziehungsdidaktik umgesetzt wird. Die schulischen Inhalte werden nebenbei und stark individualisiert vermittelt. Die Schüler können ein unterschiedliches Alter sowie unterschiedliche Entwicklungsstände haben. Es sollten nicht mehr als 15 Schüler in der Klasse sein. Die Klasse kann das ganze Jahr durchgängig mit Schülern besetzt werden. Die Integration soll sich ebenfalls flexibel nach dem Entwicklungsstand der Schüler und nicht nach dem Schuljahr richten.

Die Zusammenarbeit mit anderen Klassen sorgt dafür, dass die Schüler nach einer individuellen Stabilisierungszeit wieder integriert werden können.

Während der Integrationszeit bleiben die Lehrer der Familienklasse die vertrauten Integrationshelfer.

Inklusionskritik

Wer möchte eingesperrt sein?

Die absolute Inklusion ist für mich eine Horrorvorstellung. Ich möchte nicht mit anderen Menschen immer gleich behandelt werden. Absolute Inklusion bedeutet für mich auch eingesperrt sein. Inklusion ist für mich zu oft Gleichmachung von Ungleichem. Ich mag nicht alle Menschen und mich mögen nicht alle Menschen. Bitte lasst mich anders sein und gebt mir den Freiraum.

Man wird es mir inklusiv nicht Recht machen können, denn entweder sage ich: „Die Spießer hier in der Gruppe nerven mich und die lassen mich nicht kreativ denken." oder ich sage: „Die Spießer wollen mich jetzt schon kreativ denken lassen, wie scheinheilig ist das denn?"

Bin ich alleine mit dieser Einstellung? Wer will hier eingesperrt sein?

Ich finde Integration gut. Das setzt eine Gruppe voraus, die integrieren will und mich als Person, die sich integrieren lassen möchte.

Inkludiert ihr aber alle und fragt nicht, ob ich das überhaupt will.

Glaubt mir, oft will ich es nicht!

Mir scheint, eure politische Korrektheit schuldet ihr einer Sozialromantik, die entsteht, wenn ihr nicht mit Leuten wie mit mir zu tun habt, sondern nur unter euresgleichen nachdenkt.

Wollt ihr mich auch noch inkludieren, wenn ich eure

Regeln nur aus dem Prinzip sprenge, weil ich nicht eingeschlossen sein will? Hört eure Inklusion auf, wenn ich euch die Nase breche? Dann lauft bitte in meine Faust und lasst mich frei.

Und eure Gutachter sagen doch auch, dass Spezialsysteme gebraucht werden.

Ich möchte meine Extrawurst. Ist das zu viel verlangt?

Wenn ja, dann redet wenigstens nicht von Inklusion als Menschenrecht, sondern als Sparmodell!

Erlebnisspiele

Erlebnisspiele im Klassenzimmer

Bälle jonglieren (Warming up)

Dauer: 10- 20 Minuten

Materialien: So viele (Tennis-)Bälle wie Teilnehmer

Beschreibung:

Die Gruppe stellt sich im Kreis auf. Nun wird ein Ball von Spieler zu Spieler geworfen, bis jeder Spieler an der Reihe ist. Die Spieler sollen sich merken, von welchem Mitspieler sie den Ball bekommen und zu welchem sie den Ball geworfen haben.

Nun soll das Spiel immer schneller werden und/oder es werden immer mehr Bälle vom Spielleiter ins Spiel gebracht.

Impulse (Wahrnehmung)

Dauer: 10-15 Minuten

Materialien: Stoppuhr

Beschreibung:

Die Gruppe stellt sich im Kreis auf. Nun soll ein Spieler seinem rechten oder linken Nachbarn einen Impuls geben (Hand drücken). Dieser soll ihn so wie alle nachfolgenden Spieler auch weitergeben, bis er wieder beim Impulsgeber ankommt. Die Zeit wird gestoppt. Die Gruppe soll versuchen, durch Konzentration und Abstimmung diese Zeit zu verbessern.

Count-down (Wahrnehmung)

Dauer: 5-15 Minuten

Beschreibung:

Die Aufgabe ist, beginnend von der Zahl, die der Anzahl der Gruppenmitglieder entspricht, schrittweise auf Null herunter zu zählen.

Bedingungen sind:

- Alle Mitspieler müssen mit einer Zahl beteiligt sein
- Es darf keinerlei Verständigung über die Reihenfolge stattfinden
- Sobald zwei Spieler gleichzeitig mit einer Zahl ansetzen, muss wieder von vorne begonnen werden.
- Der direkte Sitznachbar darf nicht im Anschluss eine Zahl nennen.

Wie viele Hände spürst du? (Wahrnehmung)

Dauer: 10-15 Minuten

Beschreibung:

Ein Spieler stellt oder legt sich in den Kreis und schließt die Augen. Die anderen Mitspieler können nun ihre Hände irgendwo auf den Körper legen. Der „Blinde" hat nun die Aufgabe diese Hände zu erspüren und zusammenzuzählen.

Kommentar: Vor Spielbeginn sollten Tabuzonen benannt werden. Außerdem ist das Erspüren nur in einer ruhigen Umgebung möglich.

Menschliches Pendel (Vertrauen)

Dauer: 10-20 Minuten

Materialien: Augenbinden

Beschreibung:

Es werden 3er Gruppen gebildet. Jeweils ein Spieler in der 3er Gruppe verbindet sich die Augen und stellt sich zwischen seinen Gruppenmitgliedern. Nun macht er sich steif wie ein Brett und lässt sich nach hinten fallen. Der Mitspieler hinter ihm fängt ihn nun auf und schubst ihn leicht in Richtung des vor ihm stehenden Spielers. Am Anfang sollte die pendelnde Strecke gering sein. Sie lässt sich aber nach Absprache der Mitspieler nach und nach erweitern.

Vertrauensfall (Vertrauen)

Dauer: 30-45 Minuten

Materialien: Tisch

Beschreibung:

Eine Person stellt sich mit dem Rücken zur Gruppe (mindestens 8 Personen) auf einen Tisch.

Die Gruppe unten dient als Fänger. Die Fänger stellen sich in zwei Reihen gegenüber auf, die ca. 60 cm auseinander stehen. Die Personen in einer Reihe stehen eng zusammen (Schulter an Schulter).

Die Fänger ordnen ihre Arme in einem Reißverschlussmuster an.

Der auf dem Tisch Stehende kann sich nun,

nachdem er sich versichert hat, dass alle Beteiligten bereit sind, rückwärts in die Arme der Gruppe fallen lassen.

Stifteparcours (Kooperation)

Dauer: 15-20 Minuten

Materialien: Stifte

Beschreibung:

Jedes Gruppenmitglied sucht sich einen Partner. Jedes Paar bekommt einen Stift. Diesen Stift müssen die beiden Teilnehmer über einen vorgegebenen Parcour (z.B. über oder unter einem Tisch) bringen. Dabei dürfen sie den Stift nur mit einem Finger an einem Ende festhalten.

Die Zeit wird gemessen.

Der große Eierfall (Kooperation)

Dauer: 60-90 Minuten

Materialien: Pro Gruppe werden benötigt: 25 Strohhalme, ein rohes Ei, eine Rolle Tesafilm

Beschreibung:

Die Gruppe teilt sich in Kleingruppen von 4-5 Personen auf. Jede Gruppe hat die Aufgabe ein rohes Ei mit 25 Strohhalmen und Tesafilm so zu verpacken, dass es einen Sturz aus 2,5 m Höhe übersteht. Andere Materialien dürfen nicht benutzt werden.

Nach Fertigstellung (jede Gruppe hat X Minuten Zeit) darf jede Kleingruppe ihr „Rettungssystem" vorstellen und natürlich vorführen.

Zentimeterarbeit (Kooperation)

Dauer: 15-20 Minuten   Materialien: einen Zollstock, diverse Kleinmaterialien (z.B. Dame-Spielsteine, Steinchen, Schrauben, Nägel, etc.)

Beschreibung:

Ein Zollstock wird an einigen Stellen geknickt auf den Boden gelegt. Auf dem Zollstock werden die kleinen Gegenstände gelegt. Die Aufgabe der Gruppe ist es, den Zollstock hochzuheben, über eine Hindernisstrecke zu transportieren, ohne dass die Gegenstände herunterfallen.

Fällt ein Gegenstand, soll die Reise vom letzten überwundenen Hindernis fortgesetzt werden.

Flipper (Kooperation)

Dauer: 30-40 Minuten

Materialien: größerer Tisch, Seil, Seilstücke, Klebeband, Tennisball, Holzklötze, Stoppuhr

Beschreibung:

Die Gruppe bekommt die Aufgabe einen Tennisball durch einen Tischparcour zu leiten. Zur Konstruktion des Parcours stehen Holzklötze, Seile und Klebeband zur Verfügung.

Die Gruppe stellt sich um den Tisch und hebt oder senkt ihn, sodass der Tennisball rollt. Der Ball darf dabei nicht vom Tisch fallen und kein Tischbein darf den Boden berühren.

Abgehoben (Abenteuer)

Dauer: 20-40 Minuten

Materialien: Paketklebeband, Scheren, zwei Holzklötze

Beschreibung:

Aufgabe ist es, ein Gruppenmitglied an die Wand zu kleben.

Nachdem die Person zunächst auf Holzklötzen an der Wand steht, muss sie an der Wand für mindestens fünf Sekunden kleben bleiben und darf nicht den Boden berühren, nachdem die Hölzer entfernt wurden.

Die Sumpfdurchquerung (Abenteuer)

Dauer: 60-90 Minuten

Materialien: fünf Teppichfliesen, zwei Seile zum Abgrenzen

Beschreibung:

Die Gruppe bekommt die Aufgabe, einen gefährlichen Sumpf (mindestens 5 – 6 m lange Fläche) zu durchqueren. Die Gruppe bekommt Zaubersteine (Teppichfliesen). Das Betreten des Sumpfs ist nicht möglich. Lediglich auf den Zaubersteinen sind die Gruppenteilnehmer sicher. Die Steine müssen immer mit mindestens einem

Körperteil von einem Gruppenmitglied berührt werden.

Wenn diese Regeln missachtet werden, können auch Steine entzogen werden.

Erlebnisspiele für den Schulhof

Rushhour in Tokio (Warming up)

Die Gruppe stellt sich im Kreis auf, jeder wählt im Geheimen eine Person aus, dann geht es los: jeder muss die ausgewählte Person dreimal im

Uhrzeigersinn umrunden. Wenn dies jemandem gelungen ist, geht er in die Hocke.

Shopping Mall (Warming up)

Es werden Paare gebildet und eine feste Spielfläche, die Shopping Mall genannt wird, ausgemacht. Es sollte eher etwas eng zugehen, das heißt ca. 10 m² pro Paar zur Verfügung stehen. Ein Partner ist der Kunde, der andere der Verkäufer. Der Kunde versucht, vom Verkäufer wegzulaufen, der Verkäufer versucht den Kunden einzuholen und ihm auf die Schulter zu klopfen. Schnellste Bewegungsart ist der Walkinglauf. Die anderen Mitspieler dürfen nicht berührt werden. Wenn ein Verkäufer einem Kunden auf die Schulter geklopft hat, werden die Rollen gewechselt.

Planspiel (Warming up)

Die gesamte Gruppe betritt eine Plane (ca. 4m x 4m).

Als erste Aufgabe wird die Plane umgedreht, aber ohne dass die Teilnehmer die Plane verlassen bzw. den Boden berühren. Die zweite Aufgabe besteht darin, ein Angebot abzugeben, wie oft die Plane jeweils zur Hälfte gefaltet werden kann, ohne dass ein Teilnehmer den Boden berührt. Es darf nur ein Angebot von der Gruppe abgegeben werden.

Barfußlabyrinth (Wahrnehmung)

Man braucht 2-4 Seile von 40-50m Länge und Augenbinden.

Auf dem Boden sind die Seile derart ausgelegt, dass eine Art in sich geschlossenes Labyrinth mit zahlreichen Kreuzungen entsteht. Abgesehen davon liegen die Seilstränge immer so weit auseinander, dass ein versehentlicher Wechsel zu einer anderen Passage nicht möglich ist.

Die Teilnehmer werden barfuß und mit verbundenen Augen zu dem Labyrinth geführt und dort möglichst weit voneinander entfernt verteilt.

Ihre Aufgabe ist es, das Labyrinth zu erkunden und dabei möglichst vielen anderen Teilnehmern zu begegnen. Dabei soll nicht gesprochen werden. Begegnen sich allerdings zwei Teilnehmer, so dürfen sie einen Summton, an dem sich sich zu erkennen versuchen, von sich geben. Das Seil stellt den Weg dar und darf während der ganzen Zeit niemals verlassen werden. Anlässlich einer Begegnung gibt es also nur zwei Möglichkeiten des Weiterkommens: zurückkehren oder aneinander vorbei zu balancieren.

Förderband (Wahrnehmung)

Alle Teilnehmer legen sich mit den Köpfen einander zugewandt in einer Reihe auf den Boden. Dabei zeigen die Beine des ersten Teilnehmers genau in die entgegengesetzte Richtung wie die des Zweiten, die Beine des Dritten in die gleiche Richtung wie die des Ersten und die des Vierten in die gleiche Richtung wie die des Zweiten....

Wenn sich diese Reihe gebildet hat, legt sich der erste Spieler, der befördert werden soll, vorsichtig auf die hochgesteckten Arme der ersten Förderbandspieler und wird von der ganzen Gruppe dann bis zum Ende weitertransportiert. Wer durch die ganze Gruppe befördert wurde, wird nun zum Teil des Förderbandes und der nächste kann transportiert werden.

Jurtenkreis (Vertrauen)

Die Übung erfordert eine gerade Teilnehmerzahl. Reihum wird im Kreis abgezählt „1", „2", „1", „2" ... Die Teilnehmer geben sich die Hände. Die Füße stehen nebeneinander fest auf dem Boden. Auf ein Zeichen des Spielleiters lassen sich alle „Einser" mit geradem Körper nach vorne und alle „Zweier" nach hinten fallen. Dadurch entsteht eine Art „Zick-Zack- Linie". Beim folgenden Kommando des Spielleiters fallen alle „Einser" nach hinten und alle „Zweier" nach vorne. Die Gruppe kann nun versuchen, in ein dynamisches Vor und Zurück zu kommen, ohne dabei die Füße zu bewegen.

Vertrauensspalier

Die Teilnehmer stellen sich in zwei Reihen gegenüber voneinander im Abstand von ca. 1,5m in einer Art Spalier auf und strecken die Arme auf Schulterhöhe aus. Dann wackeln alle mit den Handflächen und machen ein Geräusch wie beim Beginn der bekannten La-Ola-Welle, z.B. „Ooooooh!" Vor das Spalier stellt sich im Abstand von ca. 5m der erste Freiwillige hin. Auf ein verabredetes Signal startet er, um durch das Spalier zu laufen. Kurz bevor der Teilnehmer zwischen den beiden ersten Teilnehmern durchläuft, bewegen diese die Arme mit einem entsprechenden Geräusch (z.B. „uuah") auseinander, also linker Arm geht nach oben weg, rechter Arm nach unten.

Seilspannung (Kooperation)

Gebraucht wird ein Kletterseil, das zusammengeknotet im Kreis auf den Boden gelegt wird.

Die Teilnehmer setzen sich im Kreis in das ausgelegte Seil und legen das Seil an die unteren Lendenwirbel. Dort halten sie es mit beiden Händen und stehen langsam miteinander, alle gleichzeitig auf, in dem sie sich gegen das Seil lehnen. Im Stehen sind dann mehrere Spielarten möglich, wie z.B. abwechselnd nach außen und nach innen lehnen, neue Formen und Figuren schaffen; ganz viele stehen auf einer Seite und lehnen sich nach außen...

Eimer auf Füßen (Kooperation)

Die Teilnehmer legen sich möglichst eng - „Po an Po" - in einem Kreis auf den Rücken und strecken die Beine in die Luft zum Mittelpunkt des Kreises hin aus. Auf die Schuhe platziert der Spielleiter einen randvoll mit Wasser gefüllten Plastikeimer von ca. 40 cm Durchmesser. Alle Schuhsohlen sollen den Eimer berühren. Jeder Teilnehmer muss nun möglichst schnell seine Schuhe ausziehen, ohne dass das Gefäß abgesetzt oder Wasser verschüttet wird. Man kann evtl. eine Zeitvorgabe geben, um ein wenig Schwung hinein zu bringen. Typisch ist für den Verlauf der Übung, dass zu viele Personen, gleichzeitig und ohne genaue Absprache mit den andern, versuchen, ihre Schuhe auszuziehen und so der Eimer herunterfällt.

Flugzeugabsturz am Mount McConfidence (Abenteuer)

Auf ihrer Expedition zum Mount McConfidence ist die Gruppe in ein Unwetter geraten, in dessen Folge sich eine Kette verheerender Ereignisse abgespielt hat: Die Teilnehmer sind überall am Berg verstreut und sind durch verschiedene Unfälle in ihren Handlungsmöglichkeiten beeinträchtigt. Jetzt stellt sich die Frage, ob es ihnen gelingen wird, alle Teilnehmer sicher ins Basislager zurückzubringen. Konkret sieht das Szenario so aus: Es gibt folgende Handicaps, die der Spielleiter auf die Teilnehmer verteilt.

Es gibt Blinde, halbseitig gelähmte (Augenbinden und können nur humpeln und den Arm auf einer

Seite nicht bewegen),

Lahme (können nicht selber gehen und nur nach vorne schauen) und

Stumme (können nicht reden).

Die einzelnen Teilnehmer werden auf Plätze geführt und so auf dem gesamten Spielfeld verteilt. Der Spielleiter flüstert ihnen ihre Rolle zu. Auf ein ausgemachtes Signal fängt das Spiel an. Die gesamte Gruppe muss sich am Basislager versammeln.

Variante:

Zusätzlich können auch noch Ausrüstungsgegenstände der Teilnehmer (Rucksäcke, Matten, Schlafsäcke, Taschenlampen, Seile, etc.) an verschiedenen Orten des Geländes deponiert werden. Diese müssen dann ebenfalls in der zur Verfügung stehenden Zeit gefunden und zum Basislager gebracht werden, wodurch sich weitere Handlungsmöglichkeiten auch für Gehandicapte ergeben.

Eiwache (Abenteuer)

Jeder Teilnehmer bekommt ein rohes Ei ausgehändigt. Dieses Ei muss er immer bei sich tragen und auf Verlangen vorzeigen können. Ziel ist es, die Unversehrtheit des Eies über eine vorher abgesprochene Zeit hinweg zu bewerkstelligen, ohne es zu kochen oder auszutauschen!

Über die Autoren

Michael Dohmen

Geb. 1978 ist Sonderpädagoge. Seine Schwerpunkte liegen in der speziellen Beschulung von Hoch-Risiko-Schülern, der Fachberatung Autismus, der tiergestützten Pädagogik, der Krisenintervention und der Seelsorge. Neben jahrelanger Arbeit an einer Förderschule arbeitete er in verschiedenen integrativen und inklusiven Schulsettings. 2012 gründete er einen Schulbauernhof.

Daniel Esser

Geb. 1982 ist BA Sozialarbeiter / Sozialpädagoge und IT-Systemelektroniker. Er hat neben Erfahrungen in der Jugendarbeit und Jugendhilfe vor allem mit erlebnispädagogischen Methoden gearbeitet. Er arbeitet mit Michael Dohmen auf einem Schulbauernhof im Kreis Heinsberg (NRW), auf dem Hoch-Risiko-Schüler beschult werden, die vom Ruhen der Schulpflicht bedroht sind. Seit 2013 bietet er mit Michael Dohmen die Fortbildung „Inklusive Beschulung von Schülern mit sozial emotionalem Förderbedarf – aber wie?" an.

Danksagung

Bedanken möchten wir uns bei den Teilnehmern unserer Fortbildungen für die engagierte Mitarbeit.

Für die redaktionelle Unterstützung beim Buch bedanken wir uns besonders bei

> Annette Görgens
>
> Elena Thebrath
>
> Vanessa Seidler

ohne deren Hilfe, wäre unser Buch nicht verständlich!

Großer Dank auch an den Bildungsreferenten der vds Bildungsakademie

> Uwe Brönstrupp.

Uwe ermöglicht uns immer einen organisatorisch reibungslosen Fortbildungsablauf.

Und zu guter Letzt danke an unseren Schulleiter

> Eike Krüger,

der uns durch schulische Rahmenbedingungen die Vereinbarkeit von Schule und Fortbildungstätigkeit ermöglicht.